体育产业运行及其管理体系探索

乔长泽著

全国百佳图书出版单位
吉林出版集团股份有限公司

图书在版编目（ＣＩＰ）数据

体育产业运行及其管理体系探索 / 乔长泽著 .-- 长春 : 吉林出版集团股份有限公司 , 2022.8（2023.9重印）
ISBN 978-7-5731-2109-7

Ⅰ . ①体⋯ Ⅱ . ①乔⋯ Ⅲ . ①体育产业—管理体系—研究 Ⅳ . ① G80-052

中国版本图书馆 CIP 数据核字 (2022) 第 162906 号

TIYU CHANYE YUNXING JIQI GUANLI TIXI TANSUO

体育产业运行及其管理体系探索

著：乔长泽
责任编辑：王芳芳
封面设计：道长矣
开　　本：787mm×1092mm　1/16
字　　数：100 千字
印　　张：7.5
版　　次：2022 年 8 月第 1 版
印　　次：2023 年 9 月第 2 次印刷

出　　版：吉林出版集团股份有限公司
发　　行：吉林出版集团外语教育有限公司
地　　址：长春市福祉大路 5788 号龙腾国际大厦 B 座 7 层
电　　话：总编办：0431- 81629929
印　　刷：涿州汇美亿浓印刷有限公司

ISBN 978-7-5731-2109-7　　定价：45.00 元

前言

中国正处在全面深化改革的关键时期，体育事业产业化转型到了重要的历史阶段。随着我国经济的腾飞，居民消费水平和消费结构持续优化，现代科学技术水平不断提升，进一步推动了体育产业的发展，从而增强了体育产业发展的活力。我国体育产业规模近年来迅速扩大，在拉动内需、促进经济结构调整方面发挥了重要作用，表现出了极大的增长潜力。

基于此，本书以"体育产业运行及其管理体系探索"为题，在内容编排上共设置五章，第一章是体育产业概论，内容包括体育与体育产业、体育产业结构及其变动规律；第二章研究体育产业的市场运行，内容涵盖体育产业的市场消费与投资需求、体育产业的市场供求与资源；第三章对休闲体育文化产业的运行发展、竞技体育文化及其产业的可持续发展；第四章重点探讨体育赛事及其管理、体育场馆与用品的经营管理、体育广告的经营管理；第五章解读体育产业管理的价值链构建、体育产业管理的协同创新。

本书有三大特色：一是将理论与实践相结合，力求做到理论精练、实践性强，在系统介绍基础理论之上，突出体育产业经营管理活动的实用性和可操作性；二是注重章节之间的逻辑性、连贯性等，从而确保内容的完整性和系统性，力争系统地反映体育产业经营管理的整体知识结构；三是所涵盖的内容具备全面性，有助于读者更好地理解与应用。

本书的撰写得到了许多专家学者的帮助和指导，在此表示诚挚的谢意。由于笔者水平有限，加之时间仓促，书中所涉及的内容难免有疏漏与不严谨之处，希望各位同行、专家、老师提出宝贵意见。

目录

第一章　体育产业概论

在这个经济迅速发展的时代，各行各业在社会市场经济中都迅速发展起来，体育行业也随之成为一种经济活动，体育产业在市场经济中相对而言是一项新兴产业，在社会市场含有巨大的经济发展潜力。本章围绕体育与体育产业、体育产业结构及其变动规律展开论述。

第一节　体育与体育产业

一、体育

（一）体育的构成

体育产生于人们的生产和生活之中。体育的概念分为两种：第一种体育从广义上来说，又可以称为体育运动，是为了满足人们生存和生活的需要，通过各种运动手段，遵循人体生长、发育、动作形成的规律提高机体机能的身体运动。广义体育的内容包括增强个体体质、发展身体、提高运动技术水平、丰富社会文化生活。广义体育的目的是服务于经济和政治的发展。第二种体育是狭义上的概念，又称为体育教育，是教育的一部分，是目的明确、计划清晰、组织有效的教育过程。狭义体育的内容主要包括全面发展身体，增强个体体质，传授体育知识技术、技能，培养道德品质与意志品质。无论广义还是狭义上的体育概念，都是以各种运动为基本手段，主要内容都是全面发展身体、增强个体体质的教育过程，直接反映了体育的本质属性。

随着科学技术的发展，新的体育手段不断出现，体育的内涵越来越丰富，体育的外延也日益扩大，当代体育主要由以下三个部分组成：

1. 休闲体育

休闲体育是人们休闲活动的方式，为了锻炼身体和愉悦身心，人们利用闲暇的时间参加各种体育活动。休闲体育活动的运动形式多种多样，主要分为四种样式：一是增强身体素质的活动，例如跑步、爬山、游泳等；二是群体娱乐性活动，例如羽毛球、网球等；三是对抗性的活动，例如篮球、足球比赛；四是冒险刺激的极限运动，例如蹦极、小轮车等。休闲体育服务的对象比较更广泛，只要是体育休闲活动的参与者都是休闲体育服务的对象，与年龄、身份、能力、身体强弱、是否主动参与都没有关系。经过学者们的关注研究，休闲体育在很多方面都有效地促进人类的进步和社会的发展。例如：提高人们的生活质量；促进家庭和睦；改善环境；减少犯罪率；降低医疗花费；提高生产率；增加财产估价；能够促进个人、社会、环境、经济的发展。

2. 竞技体育

竞技体育又被称为竞技运动，是少部分他人参与的体育，追求人最大限度地挖掘在体格、身体能力、心理、运动能力的潜力，通过严格的训练，争取在科学文明的竞赛中取得优异运动成绩。竞技体育的任务是提高运动技术水平，争取优异运动成绩，同时，促进和指导群众性体育运动的开展，为国家的现代化建设服务。

在现代奥林匹克运动会的推动下，竞技体育很多的运动项目都设有国际体育组织和单项的运动协会。现在的竞技体育也不局限于现代奥林匹克运动会，单项运动国际比赛中，高水平的参赛对象，越来越具有群众性，群众性竞赛越来越频繁，这与社会经济繁荣、人们生活水平不断提高息息相关。竞技体育的特点为：表演技艺高、竞争性强、容易吸引广大观众，所以竞技体育具有极强的感染力、精神力量容易传播。竞技体育具有特殊的作用：振奋民族精神，活跃社会文化生活，提高国际威望，促进世界人民之间的友谊和团结。

3.学校体育

学校体育是全民体育的基础，是学校教育的重要部分，在现代社会人才培养的过程，健康的体魄、坚强的性格是重要的培养因素，是培养全面发展人才的基础。青少年的体质是全民体育的基础，关系到一个国家劳动者的素质。学校体育是竞技体育的基础，学校体育可以培养竞技后备人才。因此，在国家体育事业发展中，学校体育是至关重要的，是不可缺少的一部分。学校体育的目的是发展学生身体，教育、教养学生完成学校体育的多项目标；中心是"强健体质"；基本组织形式有三种：体育课程、课余体育训练、课外体育活动；主要内容是针对不同的教育阶段和年龄特征开展不同层次的体育教育。学校教育具有特定性，其实施内容是学校总体计划的一部分，学校采取相应措施，以保证实施效果，与其他环节构成完整的教育过程，培养学生德、智、体、美全面发展。

休闲体育不断社会化、娱乐化、终身化，竞技体育一方面向更高发展，一方面向群众性发展，学校体育需要重视生物、心理、社会综合效果，既要注重近期利益，增强学生体质，又要着眼学生的未来，希望学生可以享受体育，获得发展。所以，学校教育要以体现现代体育特征为基础，拓宽体育的社会渠道，启发学生主动愿意参与体育的意识，调动个人的兴趣和爱好，通过体育锻炼的科学性提高体育的欣赏水平，才能够为国家输送体育人才，培养人才。

（二）体育的特征

文明社会进入到一定发展阶段，出现了现代体育，在社会各个阶层和各个领域都得到了普及的艺术形式，现代体育主要表现出以下基本特征：

（1）国际化特征。作为在国际范围内普遍存在的社会现象，学校体育教育、公众自发性体育活动及体育赛事等从不同的角度完善、发展了现代体育的理论性和实践性，使之得到了不同程度的国际化渗透。

（2）社会化特征。现代体育的社会化是指由全社会来兴办体育，发挥现代体育的社会功能，使体育成为一项社会活动。在我国，现代体育并未像发达国家一样呈现产业化趋势，逐步面向多元化社会管理仍然是现代体育在我国的发展状态，但实际上，现代体育已经不仅仅承担着强身健体的社会职能，还开始逐步地改变人们的生活方式和生活质量。具体来讲，现代体育的社会化主要表现在：

①竞技体育的社会化，即以个人或企业牵头成立的某体育项目俱乐部或以产业系统为核心建立的体育协会等；②大众体育的社会化，即人们开始积极参与体育项目、投资体育活动或增加在体育活动上的消费支出；③学校体育的社会化，即在发达国家较为常见的学校体育场馆面向社会大众开放，以及学校利用社会体育基础设施开展体育教学等现象。

（3）科学化特征。现代体育的科学化是指体育管理、体育锻炼、体育训练和体育教学等方面得益于现代科学技术发展呈现出的基本属性，其中，尤以体育运动训练的科学化属性最为突出，从优秀体育人才的选拔到科学的训练方案制定、体育成绩预判，以及医务监督等过程都需要在科学技术的支持下完成。同时，体育运动训练和体育赛事对电子计算机、激光和遥测空间技术等的引用，都为现代体育增加了科学化的色彩。

（4）商业化特征。现代体育的商业化使体育和现代社会联系更为紧密，主要包括体育活动的投入、出于商业性收益的运动员转让、电视转播权、赛事门票、广告收益、体育活动场所及基础设施有偿使用等内容。

二、体育产业

生产、制造、销售体育产品等提供体育产品的同类经济活动和经济部门的综合就是体育产业。体育产业一方面促进体育发展并为相关部门增加了经费，提高了福利待遇，同时也提高了就业率，促进经济进一步发展。影响体育产业研究的主要理论主要有两个层面：人力资源、社会资本。体育产业作为国民产业，融入人们的生活中，促进了国民经济的发展，同时也影响了其他产业，尤其是大型的赛事，更是直接推动文化产业等发展。体育产业与其他产业特征不同，具有特殊性。体育产业的分支市场很多，内容包括休闲娱乐体育运动项目、健身运动及项目、竞技项目、学校各类运动项目、运动器材项目等。所以研究体育产业是一项烦琐又复杂的课题。

体育产业的具体内容包括各类的体育产品、体育活动、体育赛事，除此之外还包含人民群众娱乐和健身的需求。体育产业着眼消费者的需求，满足消费者娱乐、休闲多方面的需求，是从事体育产品、活动的部门总和。体育产业能够创造新的增长点，调整产业结构，促进关联产业的发展，刺激消费，拉动内需，增加国民生产总值的同时促进就业。

体育产品分为两类：竞赛表演服务、健身休闲服务。体育产品的概念也分为广义和狭义之分。广义的体育产品是指不以营利为目的的公共服务和准公共服务、营利性质的私人服务。而狭义的体育产品则指的是营利性私人服务。体育产品的内容包括体育实物产品和体育服务。所以生产经营体育商品的体育产业分为三类：一是体育主体产业，产业经营活动的主体是体育服务，由相关主管部门管理；二是体育相关产业，所有和体育有关的活动项目；三是实体产业，提高经济收入的系列活动。总而言之，体育产业是我国产业的主要组成部分，是产业的新增长点，是国民经济的重要构成。随着时代的发展，人们对物质、精神的双重需求日益增长，体育产业也需要加速发展，这也是现阶段我国体育产业发展的主要任务。

第二节　体育产业结构及其变动规律

一、体育产业结构的内涵阐释

体育产业结构中不仅包含了体育产业不同的生产部门，还包含了它们在经济和技术上产生的联系。通过体育产业结构既可以发现体育产品需要依赖于不同的生产和服务部门，又可以看出体育产业总产值以及包括体育资源在内的各种经济资源在各个部门的分布比例。

在国民经济中，产业结构通常有以下三个层次：①三大产业的构成比例；②三大产业内部各个行业的构成比例，如农业和工业内部行业的构成比例；③行业内部各分支的构成比例，如竞赛表演业、健身娱乐业以及体育用品业等在体育产业内的构成比例。

体育产业结构中的各个行业和部门之间都有联系，联系会体现在体育产业结构的不同要素与结构之间。例如，体育广告、体育传媒、体育经纪、体育博彩等行业会因为竞赛表演业的蓬勃发展而得到相应的发展，日益流行的健身娱乐业能够促进体育用品业的快速发展等，本体产业与外围产业同时得到发展，不过这也意味着若是其中任何一环的发展滞后，就会给整个体育产业带来一定的负面影响。因此，要从整体的角度看待体育产业结构中各要素与结构之间的关系，既要做到定性分析，又要做到定量分析，这样才能科学且合理地认识体育产业结构。

从产业经济学的角度看，劳动力、资本以及产值是产业结构的三大分析指标。其中，产业投入指劳动力和资本，产业产出指产值。构成体育产业结构静态格局的因素中既包含了劳动力和固定资产，又包含了体育产业总产值。在进行体育产业结构分析时，需要找到对体育产业结构合理化产生影响的因素，从理论的角度为体育产业发展战略提供相应的支持。

二、体育产业结构的变动规律

（一）内部结构变动规律

从体育产业产值的内部结构中能够看出一个国家的体育偏好，因为它能够反映出各个体育分支行业在体育产业总产值中所占的比重。各个体育分支行业在体育产业不断发展变化中所占比重的变化就是体育产业内部结构变动规律。

体育最早只是人们在日常生活中的娱乐和表演方式，后来逐渐演变成一种社会文化活动，人们能够通过体育进行交流。社会一直在进步与发展，在近代工业文明出现之后，时代开始标榜自由竞争和法律规范，竞技体育在这时逐渐成为发展主流。竞技体育的竞争需要遵守一定的规则，而且要做到自由平等，这也是时代精神的体现。在市场经济也向着自由竞争发展之后，体育活动逐渐变得商业化，现代体育产业便是由此诞生。体育产业在最初以生产体育用品为主，体育用品是服务于大众体育和竞技体育的，这就意味着早期的体育产业并没有很高的产业软化率，其服务产品在整个产业中只占很小的比重，这同时也造成了产业领域的狭窄。

随着社会的快速发展，国民经济水平也在不断提高，人们的生活越来越好，于是人们便开始追求更好的生活质量，这就推动了体育产业的发展。体育本体产业自 20 世纪六七十年代就有了快速的发展，同时还出现了很多与体育相关的产业。体育产业在这时有了更宽阔的领域，产品种类也越来越多，产业之间有了更高的关联度。体育用品业也随着体育服务业的兴盛而得到了快速发展，但在整个体育产业中，相比于体育用品业，体育服务业不仅有着更高的份额，还有着更高的产业软化率。"在新的时代背景下，体育产业的结构会受到经济结构的影响。"① 可以看出，体育产业的发展除了会促进内部结构的调整，还会拓宽整个产业领域，此外，在整个体育产业中，体育服务业所占的比重正在逐渐高于体育用品业，而这就是体育产业内部结构变动所体现出的规律。

（二）外部结构变动规律

体育产业所处的地位和发挥的作用通过体育产业产值的外部结构体现出来，在国民生产总值中，体育产业总产值占据的份额就是体育产业产值的外部

---

① 张永韬. 我国体育产业发展的新常态：特征、挑战与转型 [J]. 体育与科学，2015，36（05）：22-27+56.

结构。随着生活水平的提高，人们的需求层次也在提高，而体育服务正好与高层次需求相匹配。经济的发展会推动体育产业的发展，进而让体育产业在国民经济中有越来越高的地位。体育产业外部结构的变动规律指的是在国民经济中，体育产业随着经济发展产生的变化趋势。经济资源不会只固定在某一产业中，它在流动的过程中会改变国民生产总值在不同产业中的份额，资源会逐渐从第一产业（农业）向二、三产业（工业、服务业）过渡。体育产业属于第三产业（服务业）的范畴，它会将种类丰富的体育服务产品输送给市场，让人们的体育需求得到满足，该产业的口号就是"不断提高居民的科学文化水平和素质"。随着我国经济发展水平的不断提高，体育产业在第三产业中发挥的作用会越来越明显，同时也会占据国民经济的重要地位。"目前我国体育产业在社会市场经济中的发展前景是十分广阔的，体育产业经济发展衍生出的许多副产业也不断扩展开来。"①

---

① 韦森.体育经济政策视角下体育产业发展研究[J].经济师，2021（12）：250-251+254.

第二章　体育产业的市场运行研究

在我国市场经济发展浪潮下，体育产业逐渐成为日益庞大的消费市场，并且已经成为我国经济发展的重要推动力。本章对体育产业的市场消费与投资需求、体育产业的市场供求与资源、体育产业的市场体系与模式优化进行全面分析。

第一节　体育产业的市场消费与投资需求

"体育运动在全世界的普及促进了体育消费的快速增长。各种以体育活动为主或密切围绕体育而开展的经济活动也迅速地兴盛起来并不断地形成相应的企业、公司、俱乐部等经营实体。这些生产体育产品或提供体育服务以满足社会需求的各类行业就是广义上的体育产业。由这些体育产业所形成的以体育商品、劳务供给和需求及其相互作用实现的商品流通总和也就是我们所说的体育产业市场。"[1]

---

[1] 闵健，卢锋，许传宝.体育产业市场经营环境分析的方法论[J].成都体育学院学报，2003(02)：6-10.

一、体育产业的市场消费

（一）体育市场消费的基础认知

1. 体育消费的主要特征

（1）体育消费的非迫切性。由于体育不是人们生存生活的基本需要，而是发展与享受的需要，故体育消费决策全凭个人意愿、兴趣、爱好，当然也与人们的收入水平、生活方式、行为习惯有直接关系。一个人完全可以不进行体育消费而进行其他的消费，可以现在不购买体育商品而等将来再说，也可能心情好时有体育消费而心境不佳时不消费等。体育消费需求弹性大，很大程度上是因其所具有的非迫切性决定的。就这一意义上讲，体育市场的开拓者不可急功近利、急于求成，而是要按照市场发展的规律，当条件成熟时自然会水到渠成。

（2）体育消费具有不均衡性。具体表现在两个方面：一是参与消费人群的不均衡，如在健身健美俱乐部中年轻人多、老年人少，女性多、男性少，城市人多、农村人少；二是时间季节的不均衡，即体育消费的时间季节性。如保龄球馆晚上人多、白天人少（消费时间的不均衡）；游泳池中夏天人多、冬天人少（消费季节的不均衡）。由于体育服务是一种非贮存性商品，因而这一特点在一定程度上也是体育市场中的经营者们感到困惑的问题。

（3）体育消费能力具有层次性。体育消费能力属于一种特殊消费能力，即在专门或特定活动中体现出的消费能力。由于体育消费品的种类繁多，即使人们愿意进行事体育消费，一般不会也不可能参加所有的体育消费活动，而只能参与其中一项或一部分。对参与某项或某类体育消费活动所做出的选择是凭个人的兴趣爱好，而具有相应的消费承受力才是实现消费的保障。人们的消费承受力有别，即使有相同的爱好，在消费过程中也会显示明显的层次性。一般来说，体育消费能力强者，多为高收入或高职位者，能进行多样化的高消费，如既打高尔夫球又打网球；而体育消费能力弱者，多为一般或中等收入者，则只能选择性地从事某一适合自己的体育消费；无体育消费能力者，即中等以下或低收入者，则多是只能望体育消费兴叹。

（4）体育消费具有时间延续性。只要产品质量可靠，体育消费大多不是一次性的消费活动，而是连续性的消费过程。其他许多物质产品要么是提供一次性的消费，要么是向人们提供方便快捷的服务，但体育消费是不同的，随着体育消费水平的不断提升，人们会花费更多的时间在它身上，持续的时间也越长。

（5）体育消费具有文明进步性。体育属于社会文化活动的范畴，它能够体现出人类文明的发展与进步。相比于一般的物质消费，体育消费更能体现出社会的精神文明发展程度和民族风貌，在我国，体育消费水平的不断提升还能够推动社会经济的进步，同时转变人们传统的消费观念。

2.体育消费的基本方式

体育消费可以按照不同的标准划分成两大类，一类是实物型体育消费，另一类是非实物体育消费两类，消费的方式主要有以下三种：

（1）购买体育用品。因为体育用品都是实物，所以这类消费属于实物型体育消费，指的是用货币购买体育用品的消费行为。从体育产品用途的角度看，购买运动服装（帽、鞋、箱包、手套等）、运动护具、运动器材、运动饮料、运动食品、体育纪念品（吉祥物、球星卡以及带有名称、会徽、吉祥物等标志的各类纪念品）、体育彩票、户外休闲运动装备（含郊游用品、渔具以及登山用品等)、体育出版物(图书、体育杂志以及音像制品等)等都属于实物型体育消费。在体育消费中，实物型体育消费是不可缺少的一部分，它能够在一定程度上代表体育消费水平。

在体育用品中有相当一部分属于时尚用品，如新款运动服装、运动鞋帽、流行的健身器械等，人们购买这类商品存在着非体育的原因。原因包括两个方面：一是部分体育用品与一般生活用品在效用上有相互替代性，买运动服装可以部分替代他们在一般买卖服装方面的消费支出；二是出于追逐时尚的动机，年轻人出于追求时尚的需要，会购买高档运动服装、鞋帽和装备。不过经济的快速发展会降低这类产品与一般生活用品之间的替代性。

（2）观赏型体育消费。观赏型体育消费指的是人们用货币换取体育竞赛、体育展览以及体育表演的门票，或是购买关于体育的录像带或光盘，以达到视觉神经满足和精神愉悦目的的各种消费行为，它属于非实物体育消费。竞赛表演市场的形成、规模和结构完全取决于观赏型体育消费的发展程度。

（3）参与型体育消费。参与型体育消费也属于非实物体育消费，主要是指居民为追求健康和娱乐而花钱购买由体育服务企业提供的健身娱乐服务，如健身技能培训、辅导、咨询、体质测试、健康评估以及体育康复等服务产品。在体育消费中，参与型体育消费是最关键的内容，因为它能够最大限度地体现出体育消费的特质。在一个国家的整体体育消费中，若是参与型体育消费占的比重越高，那就说明国家的体育消费水平越高。健身娱乐市场的形成、规模和结构完全取决于参与型体育消费的发展程度。

（二）体育市场消费的需求分析

1. 体育消费者的购买需求

（1）体育消费者的购买决策过程。通常情况下，以下六个阶段是体育消费购买决策会经历的阶段：

1）形成体育消费需求。体育消费者会在内在或外在的刺激下出现相应的消费需求。如消费者由于缺乏运动导致的身体不舒服等都属于内在刺激，这种刺激主要来自消费者本身，如广告、朋友推荐等则属于外在刺激，这种刺激通常都是一些客观因素。一切购买行为都源于体育消费需求。

2）产生购买动机。体育消费需求会在相关因素的影响下形成购买动机。这些因素既包括消费者自身的生理因素，还包括经济和社会因素。消费者在上述因素的刺激下会形成相应的购买动机。

3）收集体育商品或体育服务信息。当体育消费者形成购买动机之后就会通过不同的渠道打探体育商品的各种信息。市场、经验以及大众传播媒介等都可以成为体育消费者获取信息的渠道，其中最有针对性、最能引起消费者关注的就是来自市场和传播媒介的广告信息。

4）评估待购体育商品或体育服务。体育商品或服务的价格、属性以及效用等都在评估范围内。在评估过程中，消费者最先关注的应该是体育商品或服务的属性，而价格则决定了消费者是否购买该商品。成熟的消费者往往考虑商品的性能价格比和商品的售后服务水平。

5）购买决策。若是体育消费者在权衡之后依然想要购买某种体育商品或服务，就会做出购买决定。但购买决定并不代表着一定要购买，体育消费者也可能会因为其他因素放弃购买。消费者的自身因素以及他人态度等都会影响消费者的购买行动，这时，销售人员的营销水平将起决定性的作用。

6）购后评价。体育消费者会评价已经购买的体育商品或服务。若是消费者满意已经购买的体育商品或服务，就会在回购的同时邀请他人购买。若是消费者不满意，那么就会在下次选择购买其他的体育商品或服务。因此，消费者的评价会在很大程度上影响体育经营单位。

（2）体育消费者的购买心理。当下属于买方市场，市场营销要从消费者的角度出发，了解消费者的需求，分析消费者的消费习惯。因此，体育消费者的购买心理是体育营销人员必须认真加以分析和研究的重要内容之一。

1）消费者的一般心理特征。每一位消费者在购买行为产生以前，对周围事物的价值观念一般都会存在以下心理特性：

想要获得：健康、时间、安全感、成就感、自信心、成长与进步、长寿等。

希望成为：好的父母，有创意的人，对他人有影响力的人，有效率的、被认同的人。

希望去做：表达他们的人格特质，欣赏美好的人或事物，获得他人的情感。希望拥有：别人"有"的东西，别人"没有"的东西，比别人"更好"的东西。2）体育消费者购买动机。体育消费者的购买动机主要包括以下内容：

第一，商品动机。商品动机主要包括：①感情动机，指消费者对某一特定产品，在他们还没有达到必须购买的时候就产生购买冲动的购买行为；感情动机具有暗示、描写、联想的作用，因此动人的广告、独出心裁的陈列、卖场中杰出的讲解，都会造成消费者不由自主的"冲动性购买"；②理性动机，指对某一特定商品的购买时充分考虑他们的"实用性"，如有关体育器材的电视广告常强调其坚固、耐用、便利和经济性，就是"理性的讲解"。理性动机通常出自产品的合理性、便利性、品质一致性、价格经济性、售后服务信赖性等方面。

第二，爱顾动机。体育产业经营者应知道爱顾动机。体育消费者经常到某体育场所购买体育产品，成为该场所的"固定消费者"，从感情上分析可能是由于这个场所具有迷人的卖场气氛和扣人心弦的陈列，或者这位消费者习惯于这个场所的服务态度和交易行为，或习惯使用这个场所的产品，（对产品信赖感）。从理性上分析主要是这个场所可能具有价格低廉、品质优良的特点，声誉良好，或有令人满意的服务态度，或购买场所交通便利，或购物时需要的时间较短等。

2. 体育消费需求的影响因素

在现实生活中，人们在满足自身的体育消费需求时会借助以下两种途径，一种途径是消费者通过市场购买自己所需的体育用品，另一条途径是通过社会公共消费基金的支付，由社会提供公共体育锻炼场所和公共体育锻炼设施，以满足人们的体育消费需求。与这两种体育消费的基本途径相对应，人们的体育消费就具有了较固定的两种方式。在过去计划经济条件下，体育市场基本上不存在。人们要满足自己的体育消费需求，一般都是通过第二种途径获得。而在市场经济条件下，人们要获得体育消费满足，就有以上两种途径。并且，第一种途径会比第二种途径更具有需求的价格弹性。因此，我们在分析体育产业消费需求的主要因素时，将重点放在第一种方式上。

体育消费需求同属于经济和体育两个领域的重要范畴。体育消费需求正在随着经济的快速发展而不断上升。自改革开放之后，居民的体育消费需求已经能够得到最大程度的满足。要想及时发现和解决体育消费需求中出现的各种问题，就要分析有哪些因素会影响体育消费需求。以下几个因素都会对体育消费需求产生影响：

（1）体育产品或服务的价格。体育产品或服务的价格取决于自身的供给量和需求量。在讨论体育消费需求是否会受到体育产品或服务价格的影响时，通常会以价格敏感度为切入点。价格敏感度代表着市场的变化，市场的需求量会随着体育产品的价格变动而发生变化。体育产品或服务需求弹性的大小与消费需求量成正比，当需求弹性大时，消费需求量的变化也会较大，当需求弹性小时，消费需求量则不会产生较大的变化。

（2）相关产品的价格。体育产品的价格以及相关产品或服务的价格共同决定了人们是否会购买该体育产品，其中，相关产品或服务主要有两大类：①替代品，即一种物品可以被其他物品所替代；②互补品，即需要两种以上的物品相结合才能使用。互补品会经常出现在体育领域中。人们的购买欲会随着互补品价格的变动而发生变化，当互补品的价格上升，人们的购买欲会下降，当互补品的价格下降，人们的购买欲则会上升。

（3）收入。当其他条件相同时，消费者的收入水平会影响他们使用和购买体育产品和服务的欲望。若消费者收入增加，就会增加他们对体育消费的需求，若消费者收入减少，就会减少他们对体育消费的需求。

（4）人口因素。当其他条件相同时，参与体育活动的人口数量与体育物品与服务的需求成正比，人口越多，需求越大，人口越少，则需求越小。可以说，参与体育活动的人口数量决定了体育产业的消费需求。由于中国社会出现老年化的趋势，45 岁以上的人口将日趋增加。他们会更关注健康，可能会参与健身和户外活动，除此之外，他们也有时间和经济实力去参加常规体育运动。他们是体育市场中主要目标消费群体。年轻人喜欢花更多的钱去购买体育用品，尤其是时尚的运动服装。人口因素主要包括以下方面：

1）总人口数。通常情况下，市场需求会随着总人口数的增长而增加，体育消费也不例外。要想扩大体育市场，就要仔细分析本国的体育人口，根据人口数量和人们的需求选择体育产品或服务，并大致估算出市场容量。

2）年龄分布。不同的年龄组对体育产品、服务的需求和兴趣不同。如年轻人喜欢漂亮的运动服，喜欢参加新潮的、激烈的体育运动；而中老年人则喜欢放松、休闲的体育活动，对方便的体育用品、保健品特别青睐；儿童则喜欢体育游戏、玩具等；青年女性则喜欢健美运动等。儿童、妇女的体育市场潜力非常巨大，值得关注。

3）性别。不同性别的消费者对商品的需求有很大差异，而且在购买方式、动机也有很大不同，表现在体育需求上也是如此。

4）教育程度。每个人都有着不同的成长环境和受教育程度，在体育消费观念上也会存在差异。如受过高等教育的人，在文化用品上的花费上较多，对体育消费的认识就高。

5）家庭规模。从以前的四世同堂、三世同堂到现在的四口之家、三口之家，体育消费在观念上发生了很大的变化。

（5）偏好。参加某项体育运动的趋势会受到消费者偏好的影响，假如消费者对某项运动项目感兴趣，其参与这项运动的可能性也越大。所以，当一项运动有了越来越高的竞技水平时，就会有利于推广。其运动水平越高，欣赏价值越大，被吸引参与该项运动的人数也会越多。

（6）余暇。通常情况下，人们会利用自己的空闲时间参与体育锻炼，而且不再像过去那样固定。相比而言，男性每周参加体育活动时间比女性每周参加体育活动时间更多，延续时间更长。老人与失业群体也有更多的时间参加体育活动。近年来，可供选择的体育活动项目增长迅猛，人们已不是在一天当中的固定时间来参加体育活动，而是随心所欲地根据自己一天的时间安排来参加体育活动。这种状况必将对体育产品的供给产生深刻的影响，也对体育服务提出更高的要求。另外，已经成为年轻人时尚的惊险体育活动很可能在今后成为中老年消费群体效仿的活动。

二、体育产业的投资需求

投资是一定的经济主体投入一定量的货币资本或其他资源（人力、土地、时间等），以期获得未来收益的经济活动。体育投资指对体育领域（包括体育事业和体育产业）的投资。体育资源的投入包括资金、人力、信息、体育设施、时间等，所带来的经济效益包括：站在消费的角度考虑，可以满足锻炼和健身的需求，提高竞技水平，增强身体素质；对企业而言，获取大量的经济效益，为生存提供基础，也为后续可持续性发展提供有力保障；对国家而言，增加全民健身的乐趣，提高竞技水平，增强全民运动技能和免疫力，使社会结构青年化。与此同时，还能吸引投资者加大对体育活动的投资，促进体育行业的发展，进而形成与体育有关的产业链，带动整个社会持续进步。

投资活动的经营主体一般较为单一，在投资市场中，投资主体又有经济主体之称，投资种类丰富多样，比如：事业单位、政府部门或私企等。所以，投资市场的范围越来越广泛。随着人们对健康的重视程度越来越高，社会逐渐进入全民健身时代，即体育对个体需求（如健身、娱乐）的满足。这为企业和个人投资体育提供了动力。愈来愈多的企业和个人成为体育投资主体。根据投资主体对其投资所形成的资产是否有控制与经营管理权，可以将投资分为两种：①直接投资，以拥有对投资所形成资产的经营管理权为特征，如企业投资生产某产品；②间接投资，指不拥有对投资所形成的资产的经营管理权为特征的投资，如某人投资购买股票。

（一）体育产业投资需求的主体构成

各行各业根据自身需求和战略计划开展投资项目，体育产业投资的回报率越来越可观，吸引了越来越多的投资主体纷纷加入。由于每个国家的国情和发展水平参差不齐，投资主体也就是政府、企业和个人的投资比重也有所不同。

1. 体育产业的政府投资需求

第一，政府在体育领域进行投资，往往是经济效应和社会效应并重，而且大多数时候是偏向后者，其资金主要来源于财政拨款和体育彩票等。

第二，政府在体育领域进行投资，很大程度上扩大了内需，拉动产业链的拓展，加快了产业结构的升级。

第三，政府对体育领域进行投资，目标是多元的。在不同的时期，其投资的侧重点会有所不同。

2. 体育产业的企业投资需求

对企业来说，最重要的事情莫过于以最低的成本获取最大的利润。所以企业在向体育领域投资时，带有很浓厚的商业色彩。以体育赞助为例，体育相关部门与企业共同合作，通过投资获得报酬和回报，互相支撑，互惠互利，满足双方的需求。据报道，有研究人员曾对企业投资做出调查：合作可以获得一定好处，主要包括：扩大企业和品牌的知名度；美化企业和品牌形象；使商品差异化而鹤立鸡群；有针对性地与目标顾客沟通；突显赞助者的实力地位；时间长而又省钱；明星效应，威力无穷；绕过某些沟通障碍；展示产品或先进技术；激励本企业的职工。

3. 体育产业的居民投资需求

居民个人作为投资主体所产生的体育投资需求存在两种情况：一种是真正

意义上的体育投资；另一种是非真正经济意义上的体育投资（实际上指的是体育消费，与投资有着本质区别），他只是居民个人购买体育产品和服务时发生的支付，以及居民个人消费这些体育产品和服务而导致人力资本增值的代名词。以居民个人作为投资主体的体育产业的投资需求包括以下两个方面：

（1）从收益出发。所有的投资活动都是为了获取一定的回报，个人在体育方面的投资，也是出于此目的。投资者愿意对体育事业加大投资力度，这种意愿被称为主动需求，主动需求与投资收益率之间有着密切的关系，用投资收益除以投资成本就等于收益率，这一比例比较难具体计算。但人们参与体育运动或观看体育比赛，身心受益的效果却是不言而喻的。

（2）从购买力出发。投资者对体育事业的投资就像买股票一样，受到购买力的影响，投资者在有购买意愿的情况下实际所具有的购买能力被称为被动需求。

（二）体育产业投资需求的影响因素

为了确保体育产业的良性运行进而提高体育产业投资效益，必须建立在清楚了解影响体育产业投资需求因素和各因素发挥作用的条件的基础上，影响体育投资需求的因素主要如下：

1. 国民收入水平

体育产业的投资来源主要来自国民总储蓄，是国民收入的转化形式，通过银行贷款等多种途径实现。国民收入水平对于体育产业投资的机制在于：一方面，国民收入水平的提高带动储蓄水平的提高对投资需求产生巨大的推动作用，这一推动效应不可避免地会波及体育产业领域；另一方面，国民收入水平的提高带动消费水平的提高又会对投资需求产生拉动作用，这一拉动效应在体育产业领域表现得很明显。近年来，我国各类商业银行和金融机构的储蓄总额呈现不断上升趋势，储蓄向投资转化的效率也大幅度提升，这对于体育产业的发展是非常有利的。

2.资本的预期收益率

无论是从宏观层面（产业）还是从中观层面（行业）或者从微观层面（企业）进行考虑，在考虑影响体育产业投资需求的因素时，都离不开对资本预期收益率的分析和研究。在决定投资决策方案时，会更多地考虑到收益率和收益相对量，忽略了收益的绝对量，从而使资本预期收益率的大小对影响决策起到决定性作用。

3.资本利息率

利息决定着投资成本的标准，更是投资者提供给货币供应者的支付形式。投资成本的形成存在两种情形：一种是投资者利用自有资本，即使投资成本越来越大，但也意味着机会越来越大。

另一种是假如投资者使用的是借贷资本，则投资成本是支付的贷款利息。所以，利息率越高，投资成本就越高，投资者的投资需求则会降低；反之，投资需求则会增大。

第二节 体育产业的市场供求与资源分析

一、体育产业的市场供求分析

(一)体育产品或服务的供给弹性

体育产品或服务的供给价格弹性主要决定因素如下:

(1)时间的长短。长期内,厂商改变供给量的难易程度差异不大。而短期内,厂商改变供给量的难易程度则会因体育产品或服务的不同而产生差异。一般来说,劳动密集型体育产品或服务的供给量变动比资金密集型和技术密集型的容易得多。

劳动密集型体育产品或服务的生产企业,对资金、设备和技术的要求相对较低,企业生产能力的扩大或缩减只需增减具备一般劳动力和普通技能的劳动者就可以,不存在增加和处理专用设施等问题。由于这些条件较易迅速达到,因此,这类体育产品或服务的生产规模变动相对容易。

资金密集型体育产品或服务的生产企业,生产要素主要以服务设施等形式存在,企业的生产规模变动会遇到设施的建设与处理等问题,所以其生产规模变动相对困难。这类体育产品或服务的价格上升,短期内只能刺激企业兴建相关设施,而不可能使其供给量猛增。又以保龄球馆的经营为例,在保龄球馆内,为客人提供斟茶倒水等这类服务,属于劳动密集型的体育服务;而提供保龄球球道等设施供消费者使用则属于资金密集型体育服务。

(2)进入和退出的难易程度。如果某一行业的进入和退出壁垒很少,厂商可以根据市场和本企业的情况进退自如,则该产品的供给弹性会较大,反之则相反。

(二)体育产品或服务的需求弹性

体育产业的需求反弹可以清晰反映出体育产业需求与自变量之间的关系。以下三种是最常见的体育产业需求弹性:

1.体育产品或服务需求的价格弹性

体育产业体育产品或服务需求的价格弹性是用来衡量一种体育产品或服务的需求量对于该种体育产品或服务的价格变化的反应程度的尺度。体育产品或服务需求价格弹性的决定因素:

(1)时间的长短。按照不同的时间段对体育消费需求进行考察,随后,随着时间的推移消费需求弹性逐渐增大,这是因为时间越长消费者就更善于调整自己的消费习惯。

(2)体育产品和服务对消费者的重要性。体育产品和服务不同于生活必需品,但随着生活水平的提高,余暇时间的增多,交通等设施的便利,以及全民健身计划的推广,体育渐渐有了生活化的趋势,人们在体育产品和服务方面的支出有逐渐加大的趋势,体育成了现代人生活中不可缺少的一部分。但不同的体育产品和服务对于消费者而言仍然会有“必需品”和“奢侈品”之分。其中,“必需品”是指那些能满足人们基本健身、娱乐休闲需求的体育产品和服务,这些“必需品”有相当一部分属于公共产品或半公共产品,免费向广大居民开放或象征性地收取一定的费用,如许多高校的体育设施免费向广大师生开放;还有一些小区的体育健身设施向广大居民开放;公园里的公共体育设施的使用等都属于这种类型。与此相反,“奢侈品”的价格弹性则较大。不过,体育产品或服务的“必需品”和“奢侈品”的区分具有历史性、地域性,故同样的体育产品或服务在不同的国家或不同的时期的需求价格弹性往往是不一样的。

（3）体育产品和服务的可替代程度。如果某种商品的可替代品丰富多样，就意味着商品的替代性极强。这个规律对于体育产品或服务同样适用。一种体育产品或服务产品的替代品越多，那么也意味着它们被替代的程度越大，所以消费者的需求也会增加。当体育产品或服务处于这种状况下时，体育产品或服务的价格上涨，会引起消费者转而购买其他替代品；反之，体育产品或服务价格下降，则会导致原购买他的替代品的很多消费者转而购买这种体育产品或服务。如果一种体育产品或服务没有替代品，那么消费者可能不管其价格如何都得购买，故其需求价格弹性就会较小。

2. 体育产品或服务需求的交叉价格弹性

体育产品或服务需求的交叉价格弹性指相关商品价格变化对该体育产品或服务的需求量的影响，是用来反映体育产品或服务的需求量与其他产品变化之间的关系。根据有关替代品和互补品的概念可知，替代品的交叉价格弹性必为正，互补品的交叉价格弹性必为负。如果两种商品几乎毫无关联，则他们的交叉价格弹性近乎为零。

3. 体育产品或服务需求的收入弹性

消费者的收入水平对体育产品或服务需求量起到决定性作用。当体育产品或服务存在差异时，其收入弹性就会发生改变。根据收入弹性值的大小，可以将体育产品和服务分为：奢侈品、必需品和劣质品。根据这个分类方法，对体育产品和服务分析如下：

满足基本体育健身、休闲娱乐的体育产品或服务（即低档次类）的需求的收入弹性较小，相反奢侈品类，即高档次的体育产品或服务的需求收入弹性较大。消费者投入大量的货币会使价格较高的体育产品或服务的消费水平增加。

低档次的体育产品或服务的消费量的增加幅度则较小。价格较高或需要性极强的体育产品和服务会受到社会经济和国情发展的影响，根据不同的增长幅度呈现不同的增长趋势，与消费者的需求大小呈正相关。档次类的体育产品或服务的消费量会随着消费者收入水平的提高而减少，它的需求收入弹性是负值。例如，人们的消费水平越来越高，对高档次健身俱乐部的需求也越来越大。参与高尔夫这项高消费运动项目的人数也越来越多。购买名牌体育用品和服装、鞋子的人也越来越多。

二、体育产业的资源配置与开发

(一) 体育产业资源的配置

1. 以市场需求为中心的配置方式

以市场需求为中心进行投资配置，适应体育市场的需求变化，形成良好的竞争形态。这是将市场需求和市场竞争融合一体进行资源配置指导的常用手段，在此基础上，人们对体育产品的需求和对体育市场的供给可以有效调节体育产业资源的使用效率。

体育投资产业是以追求经济效益为目标的经济活动，在市场竞争中，为了追求利益最大化，会在最大限度上引导体育资源流向最有利可图的地方，但是却未必是该种资源最适宜的地方。所以在调节竞争市场和实现供给与需求满足的同时，也有可能会由于市场的恶性竞争导致体育产业资源出现匮乏或恶化的情况。而这严重偏离了对体育产业进行资源分配的最初目的。所以，在具有社会主义公益性特点的体育赛事或是体育产业链中，产品的资源配置应受到同样的重视，由此可以减少市场配置所带来的经济损失。

2. 以政府目标为中心的配置方式

政府部门出台相关政策调节市场需求和调整市场竞争情况，为合理分配体育产业资源奠定基础和提供保障，但是很多管理部门的主观意志往往会忽略市场的实际情况及当地的资源情况，所以在这种形势下，以政府建议为主要指导方向，并使用多种行政策略来实现资源分配。为此，政府部门会提前安排计划部门，分析当前市场优势及资源分配情况，遵循市场规律，采用科学、正确的决策方案，最大限度地掌握真实信息，从而得出与市场资源使用适配度最高的决策策略。

其实，体育产业系统十分庞大，涉及范围十分广泛，容易受到诸多因素的影响，并且整体发展态势呈动态变化。而且政府部门为了调节市场需求，出台的相关政策在绝大程度上都反映出决策者的主观意愿，这使市场信息完全化难上加难。所以，在面对多元化且主观性较强的市场变化时，仅仅采用完全计划配置的方式难以对体育产业进行资源合理分配。

（二）体育产业资源的开发

体育产业的资源开发是指开发商利用合适的方式，挖掘体育行业的潜在资源，从而将其改造为可利用的资源，通过合理的手段将这些资源转变，并从中获取一定的经济效益。这一过程中涉及以下两种类型：一是发现新资源；二是深度发挥原有的资源使用效率。其实无论是哪种类型，根本目的就是为了最大限度地挖掘和使用资源，从而获得经济效益和投资回报。

第一，以市场需求为基础展开资源开发。开发体育资源主要是为了获取经济效益，因此为了最大限度地开发体育资源，则会结合市场需求实现资源转变，在原有资源的基础上，注入新资源。所以在体育产业资源开发中，客观的需求认知是资源开发的重要因素。

第二，以实现可持续发展为目标。无论是在国家国情还是社会发展中，可持续发展都作为人类发展的根本目标，在资源开发中也不例外。在体育资源开发过程中，不仅要考虑当前的实际情况，更要展望未来，结合当下需求，合理分配资源，在实现最大限度地利用时也要有效节约资源，以免未来出现资源匮乏的情况。

第三，结合发展目标统一进行规划。在我国所有的社会发展产业中，体育产业，体育是不可缺少的一部分，所以体育产业的发展也会带来多方效益。体育资源开发应当结合体育产业的基本特点和性质，围绕资源的特点、功能、应用行业等，合理分配资源，掌握产业主体的发展规律和特点，从而制定开发目标，突出产业主体的重点项目，以此来实现获得多方经济效益的目的。与此同时，还要兼顾综合效益，在确保资源有效开发的条件下，保证产业主体良性运转。

第三章 体育文化助推体育产业的运行与发展

在文化领域，体育越来越成为一个国家面向世界展示自身的窗口之一，成为国家文化软实力竞争的重要因素。基于此，本章围绕休闲体育文化产业的运行发展、竞技体育文化及其产业的可持续发展、学校体育文化及其资源产业化展开探究。

第一节 休闲体育文化产业的运行发展

休闲体育产业化的建设从体育文化发展中获得新的机遇。若想全方位地提升我国的休闲体育产业，为我国的体育产业经济做出贡献，就要对休闲体育产业化进行深入的研究，以我国现有休闲体育产业发展的条件为基础，对产业进行完善布局，并做好结构化升级。[①]

---

① 温宇蓉.休闲体育产业化发展路径研究 [J].辽宁经济职业技术学院.辽宁经济管理干部学院学报，2020(06)：11-13.

一、休闲产业的内涵

产业一词出自重农学派。在资本主义大生产时代，产业的主要含义为工业，工业与产业都可以由英文的词汇 industry 表示。生产物质性产品的行业是马克思主义政治经济学所定义的产业内涵，这一定义被人们普遍接受，且成为人们心中唯一的定义。20 世纪 50 年代后，各种非生产性产业与服务业都在飞速发展，产业也不再单指生产物质产品的部门，其内涵变为了"在同一市场上对同类产品及可替代品进行生产的企业群的相互关系的集合。"生产与供给是定义产业概念的角度，不管行业是服务性质还是物质性质。而个体消费角度是定义休闲体育概念的角度。从本质上来看，休闲体育活动是一项身体性活动，以个人为单位参与。但是必须基于一定的外在条件才能开展，也就是说外在服务条件是体育活动开展的必要前提。

两种活动共同构成了体育活动：一是个人与社会为活动提供外在条件的行为，二是消费者个人行为。在消费服务总体的层面上来看，人类社会存在三种类型的基本消费方式：第一种是自给自足，自己同时为消费资料的生产者与消费者；第二种是消费品的消费者与供给者身份分离，社会为消费者生产消费资料；第三种是消费资料生产者身份分离，消费者个人和社会共同承担生产加工服务。第一种消费方式是自我服务型，在这样的消费方式中，每个人不仅要自己从事或剥削生产劳动，还要承担消费费用并从事非生产活动。第二种方式是社会化。社会会为消费者提供所有的加工服务，不需要消费者承担服务和加工工作。第三种方式集合了上面两种的特点，消费服务的承担主体差异以及各主体承担的比例都决定了消费方式的类型，并反映了消费者的全面自由发展水平和消费结构的合理性。

休闲活动的内涵包含着非常广泛的范围，因此休闲产业所涉及的领域和行业都十分多样，休闲行业内可以包括所有与休闲消费和人们的休闲行为相关的产业，休闲产业发展也因此获得了明确的内涵。从上述角度出发，休闲产业是一种体系，所以应当用系统论的思维方法来考察休闲产业的划分与界定。

二、休闲产业体系构建

休闲产业具有复合性，有宽泛的业域，其系统具有完整性，内部构成包含各种产业层次。在整合休闲产业体系之后可以将其分成三个层次，即休闲基础产业、休闲支撑产业以及休闲延伸产业。

从休闲产业体系的构成角度来看，对于休闲产业，也就是基础产业来说，休闲体育产业是组成部分之一。休闲体育产业既与休闲产业有内涵上的交叉，又有自身的特殊性，区别于休闲产业中的其他领域。所以必须在考虑这一因素的基础之上界定休闲体育产业的概念。

休闲体育产业可以根据体育的自身属性和休闲产业的内涵被定义为：将物品、设施和服务提供给人们以满足人们需求的组织集合体。也可以将休闲体育产业定义为使人们的休闲体育需求得以满足的产业，下面是定义：

第一，休闲体育消费指的是人们消费货币来购买休闲体育产品，进而使休闲体育需求得到满足的过程。这等同于休闲体育产业的核心目的。

第二，以体育运动作为提供和生产休闲体育产品的手段与基本方式，这正是休闲体育的特殊属性。

第三，休闲体育产业提供的产品会专门提供给休闲体育消费者，指向性十分明确。

第四，休闲体育服务和用品都是休闲体育产业所提供的产品。

休闲体育产业包含两大部分，分别为休闲体育服务和休闲体育用品产业：①休闲体育服务产业：包含体育赛事产业和体育健身产业，体育赛事产业主要会提供体育竞赛表演等可以让人们观赏的产品，体育健身产业会将各种户内外的健身产品提供给需要的人们；②休闲体育用品产业，指的是生产休闲体育用品设施、设备、服装鞋帽等用来支持休闲体育活动的开展的组织集合。

三、休闲体育产业发展管理

休闲体育管理指的是合理应用、统筹安排财、物、人、时间和信息等要素，为了推动休闲体育的发展，控制、组织并计划相关休闲体育的资源与要素。其管理涉及面广，组织多元，系统复杂。

（一）休闲体育发展管理的特点与原则

1. 休闲体育发展管理的特点。下面为特点的概括：参与对象来源于不同的领域，有广泛性且为主动自愿参加；人们是以满足身心愉悦的目的参与到活动之中，参与形式与时间自由且随意，不具有强迫性。根据上述的休闲体育特点可以看出，与学校体育和高水平竞技运动相比，对休闲体育产生作用的主客观因素数量要更多，就使得休闲体育管理有一些独特的特点，使之区别于其他类型的体育的管理。

（1）管理对象的主体性。休闲体育的参与者就是管理对象，也就是被管理者。管理对象在管理学中被定义为管理客体，被管理者会被管理者行使管理权利，是管理对象各因素中活跃度和积极度最高的因素，被动接受管理，比如运动员在训练的过程中的被动性，即客体性十分明显。但休闲体育参与对象能够自由且主动选择活动的形式与时间，自愿参与，更加重视参与者参与体育活动时的心理体验和状况。所以休闲体育参与者是管理客体，也就是管理对象，但又有十分明显的主体性和主观能动性。

（2）管理组织形式的多元性。全体人群都可以是休闲体育的参与对象，具有广泛的包容性。根据参与者意愿，休闲体育的参与地点和时间都可以被改变，十分自由。在经济学的层面上来说，休闲体育消费者的需求既是多样化的，又是个性化的，所以供给系统必须满足休闲体育消费者的需求。为了使消费者的需求得以满足，需生产多样化的休闲产品。所以应当有更多元的主体来提供休闲体育服务。从组织类型来看，除了各种政府组织之外，许多的社团组织和个人行为都可以被纳入休闲体育之中。而组织形式在目前我国的竞技运动管理和学校体育教育之中，多数都是政府或类政府组织。与他们相比，休闲体育有十分多元性的管理组织形式。

（3）非强制性的管理手段方法。参与者的主观心理体验、个人自愿且主动地参与是休闲体育所强调的内容。所以休闲体育不应当具有强迫性，应当建立在完全自愿、自觉的基础上，否则其本质特点就会丧失。管理者不应当利用一些约束力较强的手段方法强迫人们加入到休闲体育活动中。这一点阻碍了休闲体育的管理，所以必须挖掘经济方法、竞赛法和宣传教育法等与休闲体育本质相适应的各种非强制性的管理方法与手段。

（4）管理系统边界的模糊性。管理系统边界很难被划分，这是因为休闲体育的参与对象具有广泛性和多元性。另外，休闲体育紧密结合于社会的其他方面，如教育、旅游、娱乐等，其管理体系交叉于其他的社会系统，也使得组织边界很难被划分，这必然会带来管理的模糊性，使得管理者很难去制定计划和控制过程，更难以进行管理。可以看出，休闲体育管理的特点都从各个方面提高了休闲体育管理的难度。

2. 休闲体育发展管理的原则。

（1）激发性原则。休闲体育是人们自愿参加的，当人们对体育充满兴趣时，就会参加体育活动。激励性原则就是要唤醒群众对体育的兴趣和积极性，从而让人们积极地投入到休闲体育活动中去。

在管理过程中，休闲体育锻炼者的身份与管理者平等，所以普通的经济方法和行政方法管理效果差强人意。应当尽可能通过目标激励的方法进行管理。管理者参与到休闲体育活动之中，通过了解其目的，为其制定目标来对其锻炼的动机进行激发。

（2）多样性原则。休闲体育参与人员是由不同的人构成的。所以要区别参与休闲体育人员的职业、年龄、动机、文化、性别和社会背景。休闲体育活动通常情况下都是小型的，这能够让不同群体的需求尽可能地得到满足。

（3）人文性原则。将以人为本的人文精神贯彻到休闲体育管理中，就是人文性原则。管理的出发点应为人的需求，管理的目的就是使人们休闲体育活动的需求得到满足。休闲体育的主体具有创造性和自主性。而管理者的管理方式将直接影响活动主体的创造性和自主性能否被激发出来。人文性原则要求将以人为本的思想理念贯彻在管理过程之中，要求管理者对人的权利和尊严、个人的选择加以尊重，理解、关心人们，同时让锻炼者对自己的事物进行自主管理，教育管理者，让他们学会自重、自强、自信、自立、自尊。

（二）休闲体育发展管理组织

1. 公共体育服务管理组织。公民享有享受体育公共服务的基本权利；政府有义务提供公共体育服务，公民平等享有服务也是社会公平的表现。公共体育服务是公民健康的基础、社会和谐的保证，也是调节社会分配的手段。

（1）政府系统公共体育管理组织。政府或多数由政府设立的专门机构负责管理公共体育服务组织及各项事业。政府有十分集中的权利，能够利用行政的方式对各个层次进行全面把控。

在休闲体育政府管理系统中既包含了政府管理系统，又包含了非专门管理系统，政府行政管理系统中的各级休闲体育管理机构共同构成了各级政府中的休闲体育管理机构，是管理休闲体育系统中的中心。领导地方各级体育行政部门的主体包括该级人民政府和上级体育行政部门，体育行政部门负责指导业务，人民政府负责领导财务和人事等方面。县级体育局是基层机构中负责管理休闲系统的主体。近几年政府机构在逐步改革，教育与卫生部门收并了一些县（市）体育局，但并没有专门人员来管理体育工作。专门管理休闲体育的机构被设立在了各级体育行政机构之中，同时伴随一定的兼职或专职休闲体育干部。部分政府的部门还没有设立专门负责管理体育的工作岗位，属于非专门政府管理系统。

最高职能部门是国家体育总局群体司，具备下面的职能：①拟定群众体育工作相关的政策和方针规划；②推动全民健身计划；③帮助全国体育大会指导与协调组织工作，将全民健身志愿服务工作顺利推动；④指导群众性体育活动的开展、健身场地设施与群众体育组织的建设；⑤对城市、农村体育以及其他休闲体育的发展进行推动和指导；⑥负责拟订总局本级彩票公益金用于实施全民健身计划部分的规划和使用计划；⑦对全民健身工作和全民健身志愿服务工作进行指导和推动；⑧组织专人表彰、奖励全国群众体育工作，指导实施与国家体育锻炼标准相适应的工作。

（2）社会性质公共体育管理组织。

第一，国家体育总局社会体育指导中心。在国家体育总局（含原国家体委）

相关规定下，以国家的体育政策、方针、法规为依据对全国休闲体育指导员、企业职工和老年人等人群的体育活动进行全面指导与管理是社会体育指导中心的主要任务；此外还包括对健身健美、钓鱼、舞龙舞狮、体育舞蹈、飞镖、拔河、木球、门球、大力士、健身腰鼓、桌式足球、健身秧歌等项目以及一些正处于开发和整理阶段的新型体育活动与项目进行全面指导和管理，并推动这些项目的完善与普及，以多种方式展开项目的经营，并储蓄项目发展的资金。

第二，体育协会。行业体育协会、各单项运动协会和各种人群体育协会是我国现有的三类休闲体育社会组织。

行业体育协会的成员包括中华全国体育总会的团体成员和各行业体育工作的主管部门，多数都属于各个行业的直属事业单位。

单项运动协会是一类社会团体，团体的建立目的是对某一项目发展予以促进。单项运动协会是中华全国体育总会的团体成员，在我国，它有责任举办各种体育活动和比赛，同时负责相应的休闲体育宣传与推广工作，对体育的社会化进行推动。

各种人群体育协会是体育社会组织，设立的主要目的是使不同人口群体对于休闲体育活动的需求得到满足。主要包括农民体育协会和老年人体育协会等等。某些社会组织作为体育组织虽然不具备专门的属性，但他们都有附属的体育部门，如妇联、共青团和工会等等，这些社会组织在性质的分类上被归属于其他社会组织类。

非营利性休闲体育服务组织。在休闲体育服务产业中，非营利性休闲体育服务组织是重要组成部分，它提供了多样化的服务和项目。非营利性组织机构所追随的目标也是多样化的，包括个体体育精神、品质和技能的培育，社区利益的完善发展。它所强调的价值观念有成员互益和个人奉献等，具有多样的特征，如民间性、非宗教性、非营利性、自治性、志愿性等等。

（1）非营利性休闲体育服务组织的特点。

第一，非营利性。非营利性休闲体育服务组织与商业性休闲体育服务组织相区别，主要表现在：①不以营利为目的，而是以一定范围或全社会范围的公共休闲体育利益为目的；②不能对剩余收入进行分红，而只能用于组织活动和组织发展；③不得将组织的财产以任何形式转化为私人财产，其资产属于社会。

第二，非政府性。非营利性休闲体育服务组织与政府性质的休闲体育组织相区别，主要表现在：①独立自主的自治组织，判断、决策和行动的独立性；②自下而上的民间组织，依靠社会资源；③具有竞争性的公共组织，需要通过竞争获取资源。第三，公共服务使命。非营利性休闲体育服务组织的一个本质特点是其所秉持的公共服务使命，换言之，非营利性休闲体育服务组织是把公众体育利益放在首要位置。可以说公益性休闲体育服务组织坚守着与商业休闲体育服务组织不同的价值观念。公益性休闲体育服务组织的一些核心价值观包括责任感、同情心、公民意识、美德、公平、正直、尊重他人、服务精神、志愿者精神、团体意识等。

第四，利他主义。公益性休闲体育服务组织运转的动机是利他主义。事实上，大部分公益性休闲体育服务组织最突出的主题是集中在利他、伦理、道德或社会价值上。

（2）非营利休闲体育服务组织的目标和功能。非营利休闲体育服务组织一般都面向不同的群体提供服务，满足他们多样化的需求。非营利休闲体育服务组织一般有以下三种基本定位：

第一，基于社会公共利益的非营利休闲体育服务组织。组织起来推进公共体育福利。

第二，基于组织内部共同利益的非营利休闲体育服务组织。服务排他性的群体组织，努力促进其成员的共同体育利益。

第三，基于私人利益的非营利休闲体育服务组织。像健美沙龙和高尔夫俱乐部等非营利休闲体育服务组织的主要目标是私人利益的促进。这些组织的场地、设施与服务只对成员提供，使大家获得共同的排他性利益和会员间的充分交流。

（3）非营利性休闲体育服务组织的资金来源。收入是指民间非营利休闲体育组织开展业务活动取得的、导致本期净资产增加的经济利益，或者服务潜力的流入。与企事业单位的收入比较，具有以下特点：

第一，收入的来源渠道多。由于不同的组织性质，民间非营利休闲体育组织的收入也来源于不同的渠道，这些渠道主要包括向会员收取的会费、社会各界的捐赠、对外投资的收益、商品销售和服务提供等的收益，等等。

第二，收入的使用可能受到限制。例如，用途限制和时间限制可能会产生于取得政府补助收入和捐赠收入之时。

（4）非营利性休闲体育服务组织人员构成及特点。人力资源在非营利组织中通常包括三个组成部分：有酬员工、负责决策的理事和志愿者。有酬员工指的是非营利组织内部的一些兼职工作人员和有固定职位并长期领取薪酬的工作人员，高级行政人员和一般的执行员工都包括在内。志愿者的招募主要是以工作任务和组织使命为依据，志愿者负责提供免费的服务。在非营利组织中，志愿者是重要的组成部分，因为志愿者在这类机构中能够完成绝大多数的工作。由于非营利组织具备独有的特殊性，因此其员工也必须要有较高的责任感、使命感、奉献精神、道德与政治素质。并且成员之间要有很强的合作精神，有很高的道德自律感。

非营利性休闲体育服务组织人员的特点如下：

第一，人力资源的特殊性。非营利组织的自愿性和非利润分配性决定了其人力资源管理的特殊性，表现在对成员素质要求较为特殊，更注重成员的道德素质和使命感；培训过程的特殊，除知识技能培训外，更注重培养使命感和责任感；另外，其激励方式也比较特殊。

第二，成员来源的广泛性、复杂性。组织的人力资源系统招募开放，理事、有酬员工及志愿者的招聘与吸纳面向全体有意愿的公民公开进行，特别是志愿者的征集，只要自愿且符合条件一般是"来者不拒"，造成其成员背景广泛、复杂。

第三，成员追求非利润分配性。这是非营利组织的非营利性决定的。其成员尤其是志愿者加入组织完全是由自愿、爱心、道德等非物质性的驱动，而不是为了获取报酬。

第四，各成员间关系民主平等。扁平化是目前多数非营利组织的组织结构的现状，他们的等级制度不够严格，管理与非管理人员之间的上下级关系也不是十分明确。所以成员们都是以合作伙伴的身份在共同努力，抱有共同的责任感和使命感，相互合作，共同推动组织目标的实现。

第五，人力的灵活性。非营利组织的民营自治性，使得组织内部管理更灵活，人力资源管理比企业政府更加有弹性。

(5)非营利性休闲体育服务的原则。

第一，自愿性原则。非营利性休闲体育组织的成员必须是以自愿的形式参与服务。自愿代表着成员是主动参与而不是被强迫。

第二，量力而行原则。休闲体育活动的开展要根据组织本身的人力、物力、财力条件来量力而行。现实生活中有多层次、多方面的休闲体育服务需求。组织对活动的开展必须要结合于社会需求以及自身的实际，结合客观实际和主观愿望、服务能力与社会需求。

第三，安全性原则。重大安全事故的发生可能会严重影响组织的组织能力、公信力和可持续发展能力，甚至可能终结组织。所以组织内部的体育休闲活动要将安全性原则作为第一原则，其他原则作为安全性原则的附属原则。组织者在组织休闲体育活动时，要谨慎地评估安全状况。将安全性放在所有利益之前，若活动的进程与安全性产生了冲突，也要首先保障安全。

第四，非商业化原则。市场化的资本充斥着目前的社会，商业化也一定会对非营利性休闲体育活动产生影响。但非营利性休闲体育活动一定要谨慎考虑该以何种程度来结合非营利性休闲体育活动与商业化。要将非营利主体性原则贯彻到市场化募集资金的过程之中，将社会效益放在首位，在此基础上推动组织与合作企业的共赢。

（6）非营利休闲体育服务组织发展战略。

第一，借力发展战略。非营利组织本身就具备借力发展战略这一特点。开发合适的经营项目获得收益，将资金提供给非营利组织使命的实现进程。

第二，兼并战略。非营利休闲体育服务组织发展做强也可以通过兼并战略。但在兼并时要考虑：①若要合并两个不同的非营利休闲体育服务组织，要考虑他们是否拥有相同或类似的使命；②非营利休闲体育服务组织的管理机制。非营利组织都有各自的管理机制，如果不能良好处理，会使综合效益无法达成，还可能会使内耗增加，导致兼并难以成功；③非盈利休闲体育服务组织的文化、组织成员的价值观和信仰都包含在内。

第三，联盟战略。非营利休闲体育服务组织经常会采用联盟战略，这是为了创造出更优秀的服务提供给客户，并使综合实力得到增强。在与其他组织合作的过程中能够共享资源，促进双方的共同发展。除了非营利休闲体育服务组织之间的联盟之外，非营利休闲体育服务组织的联盟战略还包括与营利性休闲体育服务组织的合作。

第二节　竞技体育文化及其产业的可持续发展

一、竞技体育文化认知

（一）竞技体育文化的主要形式

竞技体育作为体育文化的主要部分，不但以其精彩、激烈和惊心动魄打动着人们，更以其广泛的参与性感染和丰富着人们的精神生活。而运动场上的各种竞争更是给人以无限的启迪。自从人类社会孕育体育的那一时刻起，体育就被烙上了文化的印记。然而，从文化的角度去审视体育，或者去研究体育中所蕴含的文化，其浩瀚复杂只会混沌我们的思维。从事物的特殊性去审视体育，竞技性最能表达体育运动的文化属性，而正是因为体育中存含的竞技性，主导了体育的存在，也衍生出更多的新的文化内容。同时，也正是竞技基因不断注入人的身躯内，才使之繁衍遗传到每一项运动中。"我国竞技体育事业的快速发展对提升我国国际地位和扩大国际影响力方面起到了不可替代的重要作用。"[①]

① 崔曼峰，葛新军.论中国体育产业与竞技体育协调发展之路 [J].广州体育学院学报，2011，31（02）：1-4.

竞技文化并不是专指一种属性文化，他不仅指在体育竞赛运动中形成的赛场文化，也包含与体育竞赛相关联的一切社会文化。像人们在体育运动中所形成的道德精神文化和物质文化，体育运动的组织管理文化以及与之相关的政治经济文化等，都属于竞技文化的范畴。但竞技文化的主要体现还是集中在体育运动物质精神文化和组织管理文化上。

1. 大众体育竞技文化

与职业体育的高度专一相比较，大众体育的目标似乎更加多元，人们参与其中也并非一味地去追寻"金牌第一"的价值体现，而是更加趋向于参与其中的体验。尽管依然存含竞技的品性，然而这一品性却受到娱乐性、健身性等挤压，运动项目的竞技性变成了大众参与其中的附属效用。

（1）大众竞技文化的竞技娱乐特征。体育活动是一种非生产性的人类实践活动。从哲学意义上讲，生产性活动的目的是实现人类与自然环境的和谐，而非生产性活动的目的则是为了构建身体的和谐，而这种和谐就包含了人类参与体育活动的所有目的。

大众体育是一种以社会全体成员为主体，以增强体质、丰富余暇生活、调节社会情感为目的的形式多样的体育活动。娱乐特征最能体现大众体育的竞技文化性，其参与对象及参与目的更加能体现出体育最初的本义，人们参与其中也迎合了满足自己内心生活体验的那种愿望，而这种生活体验的愿望可以归结为娱乐属性。

相对于体育运动本身而言，大众体育的开展都是以比赛对抗的形式或挑战自我、挑战自然开始的，正是这种魅力所在，才激发了人们参与其中的愿望；正是竞技对抗的激烈程度，才使得比赛更加精彩、更加有吸引力，因此才会受到广泛的欢迎。失去了竞技性质的体育运动，就如同无本之木、无源之水，也就无法生存发展。正因为体育运动存含的竞技性，才使得大众集中自身的感官来诠释这种竞技性，而这也是参与其中的快乐源泉所在。田径场上你追我赶的竞技性，让人们在一遍又一遍地简单重复中产生收获的喜悦。总之，正是来自人们唯美追求的动因，现实中才会有未达理想的要求，也才会对自己提出更难、更美的要求，从而达到产生收获成功的兴奋。

（2）大众竞技文化的组织体现。分析大众体育的竞技文化，首先要搞清我国大众体育的性质。大众体育的目的是增强人们的身心健康，丰富大众余暇生活，促进社会物质文明和精神文明建设。而大众体育的竞技文化就是在此基础上产生的。

首先，"参与"运动形成的文化。参与体育运动不仅能体验运动，而且在这一过程中也在学习体育知识、掌握运动技能，并从中习得强身健体的有效方法。在这一过程中，有益于健康、娱乐和消遣的各种活动形式，可以充实人们的生活，锻炼、调节和发展身心，形成良好的生活文化。另外，在参与体育运动的过程中，通过与对手的不断比拼，可以培养不甘落后的竞争精神和奋发向上的意志品性，培养勇敢、坚毅、顽强的性格，形成积极向上的精神文化。同样，在比赛中通过遵守规则、尊敬裁判、团结同伴、尊重对手等，可以形成遵纪守法、文明礼貌的社会道德文化。

其次，运动的组织文化。围绕着竞技属性，体育运动也呈现出其特有的组织文化，体现在物质层、制度层和精神层三个方面。物质层是组织文化的外在表现和载体，是制度层和精神层的物质基础（主要包括一些纪念品、组织名称和组织文化传播网络等）；制度层则约束和规范着物质层及精神层的建设（包括一般制度、特殊制度和组织风俗等）；精神层则是物质层和制度层的思想基础，同时也是组织文化的核心和灵魂（包括组织哲学、组织精神和组织宗旨等）。

大众体育的对象非常宽泛与庞大，这就决定了大众体育的开展形式多种多样。在我国主要有以下方面：

第一，自发互助型。根据自己的兴趣爱好自发形成的小群体。

第二，组织制度型。由管理部门作出行政性规定的活动形式，或是以单位或团体名义组织而形成的活动形式。

第三，竞赛评比型。以小型比赛形式在大众之间开展的多重目的的活动形式。

第四，庆典表演型。以营造氛围为主要目的而组织的体育形式。第五，教学辅导型。以传授锻炼方法为目的而组织的活动形式。

不同形式的大众体育，其组织文化有所区别，即使是同一大众体育，其组织文化也不尽相同，主要体现在物质层面、制度层面和精神层面上。在物质层面，大众参与其中并对对手不断竞争的动力，集中体现在对竞技体验的追求上，而并非像职业体育那样更多地偏向于名和利；在制度层面，由于规则的限制，才会让大众在体育活动中感受到体育竞技的公正公平，从而使体育活动有章可循；在精神层面，正是为体现社会的精神文化，大众才有了在体育活动中展现自己精神风貌的可能，从而形成大众体育文化，促进大众生活的和谐。

（3）大众体育竞技向业余体育的发展。随着我国竞技水平的不断提高和大众生活水平的不断提高，人们越来越崇尚精神生活追求。加之国家对大众体育场地设施建设的不断加强，社会体育指导员制度的导入，我国的大众体育体系逐渐完善。从事体育运动的人越来越多，不管是在参与的人数上，还是参与的时间上都出现了非常好的势头，大众运动水平也逐渐提高，大众竞赛的水平也日益提高。不仅如此，大众体育的组织管理也不断走向系统化、专业化，一些赞助商和媒介的介入使得大众体育在社会中的影响力不断扩大，大众体育竞技开始向业余体育竞技过渡。

2.业余体育竞技文化

业余体育是介于大众体育与职业体育之间的体育形式，与大众体育相比，从事业余体育的人群更加专业；与职业体育相比，业余体育并非以体育为职业，其竞技水平虽然很高，但和职业运动员相比在整体上还有差距。因此，业余体育的目的主要是通过竞赛活动提高技术水平，并借此推动大众体育活动走向高潮。但与职业体育竞赛相比，他更侧重于普及，并将竞赛与锻炼有机结合，以竞赛促进锻炼，他的组织管理程序也基本呈现出大型职业体育竞赛的雏形。

（1）管理机构及作用。我国业余体育主要有学校和社会两大阵营。在学校阵营中，参与的对象主要围绕学生展开，如参加中学生运动会或大学生运动会；在社会阵营中，主要以单项协会为主展开。

在学校阵营中，业余体育是三级管理结构，主体是体育教育部门。教育训练工作主要由国家指导省市，省市指导地方学校，层层指导，环环相扣，无论是管理部门还是管理形式，都是自上而下的单一形式。在社会阵营中，我国职工体育管理主要涉及的社会系统包括国家体育总局、各省市体育局、中华全国体育总会、单项体育协会、行业体育协会，其他部委，工会，共青团，全国妇女联合会以及国家机关和企事业单位、职工体育社会团体。

在社会阵营中，工会、国家机关和企事业单位、职工体育社会团体、体育局、其他部委、中华全国体育总会、单项体育协会、行业体育协会、共青团和全国妇女联合会等管理部门，对各种协会进行管理，并监督各协会做好竞赛的组织与参加工作。同时，国家或各行业协会对各种资源负有管理的责任，提供人、财、物的政策保障。

（2）竞赛形式。按照竞赛的规模和性质，业余体育竞赛可以分为国家级体育赛事、省级体育赛事、市级体育赛事、乡镇体育赛事以及公司或者小团体的体育赛事。在业余体育竞赛中，竞赛运动员都基本从事过长时间的专业训练，有着一定的专业技术水平，只有这样，运动员才会在业余竞赛中获取一席之地。规模不一的业余体育赛事，根据其举办的目的和意义，其形式也多种多样，主要有以下方面：

1）由政府部门组织开展的业余体育赛事。主要目的是扩大体育运动项目在国内的影响，促进大众体育运动的发展。

2）由大型公司、企业举办的商业赛事。这种属性的赛事规模一般在一个或者多个城市举办，主要目的是商家提升品牌形象，扩大商品的影响力。

3）企业与企业之间所举办的友谊性质的比赛。主要目的是促进员工之间的相互交流，提升企业内部的体育运动氛围。

4）俱乐部内部或者俱乐部之间所开展的体育竞赛。目的是提升俱乐部的知名度，招收新的成员，并以此活跃学员的练习氛围，提升学员的积极性。

（3）业余体育的课题。我国对业余体育的研究方向大都集中于青少年的业余训练，主要包括训练现状的开展、存在的问题以及训练之中的健康状况。与职业体育的科学系统性相比，无论是科研经费的投入还是科研工作者的专业性，业余体育科研都无法与其媲美，这使得我国的业余体育竞赛在整体上跟国外差距很大，主要体现在学校体育竞赛的竞技水平上和社会业余体育竞赛参与人群与范围上。但是，如果从社会收益性、普及性和实效性等方面来考虑，业余体育的科研要远远高于职业体育的科学研究。

（4）业余体育竞赛的两极化。介于大众体育和职业体育之间的业余体育，由于竞技水平的不断提升，技能不断专业化，对其界定越来越困难。特别是随着业余体育竞赛竞技水平的提升，比赛精彩性的加强及社会的影响力不断加大，业余体育的商业价值不断得到强化。由于商家的参与，以获取利润的业余体育竞赛不断涌现，使得业余体育竞赛也具有了职业体育比赛的性质。

（二）竞技体育文化的发展方向

1. 倡导"绿色奥运"发展方向

"绿色奥运"是指在不破坏自然环境的情况下，开展奥林匹克运动会，是以保护资源、空气、水和土壤等自然环境为主的社会活动方式，在绿色奥运这一理念下，不仅能实现能源的充分利用、水资源的保护，同时也能更好地保护古建筑等自然和文化环境。而竞技体育也应以此理念为指导，倡导"绿色奥运"，在体育竞技活动中，尽可能地采用绿色科技和绿色技术，同时体育场馆的建设也应选用无公害的绿色建筑材料，以维持自然生态平衡，此外，也要注重运动场馆的重复利用，为当地居民提供便利的同时减少资源浪费，提高运动场馆的利用率。近年来，太阳能、风能等绿色能源的普及，不仅改善了人们的生活环境，同时也可与体育竞技活动相结合，以更好地展现奥林匹克精神，实现真正的"绿色奥运"。

为了使更多的人参与到体育锻炼中，让体育真正地走进人们的日常生活，就需要发挥竞技体育的积极作用，注重特殊群体，包括为残疾人、妇女和儿童提供更多、更便利的体育锻炼机会，以实现竞技体育的社会化功能，同时为避免竞技体育赛事上出现违反奥林匹克精神的事件，就需要组织参与者公平公正地对待任何一项体育竞技项目，正确引导竞技体育的发展方向。对于近年来，竞技体育越来越商业化的趋势，就是组织者无下限地追求商业价值，想从体育竞赛中获取最大利益的结果，这与竞技体育的本质理念相违背，因此就需要对国民进行正确的引导，以实现竞技体育与社会、经济、文化的协调发展。

2. 拓展"享受体育"发展方向

"享受体育"是指让运动员在体育比赛过程中享受竞技所带来的愉悦感、观众享受比赛精彩瞬间所带来的振奋感，此种享受并不只是获得胜利得来的，而是在比赛过程中，运动员们经过奋斗和竞争的洗礼，与同台的其他优秀运动员相互切磋，以感受其他人没有的人生经历和感触，因此无论比赛成功或失败，运动员们都会收获非常宝贵的经历，在比赛过程中感受自己独有的那份快乐。这才是竞技体育不断追求的目标，成功时与大家分享喜悦、失败时总结经验教训，挑战人类自身运动能力底线，享受体育运动激发的成就感和刺激感，因此应拓展竞技体育文化，向着"享受体育"的方向发展，不断推动人类现代文明和世界体育文明的发展进步，让竞技体育为更多的人所接受，并从中获得幸福感。

对于竞技体育来说，教练员是不可或缺的角色，其通过自身丰富的经验与深厚的技术知识来提升运动员的技术水平，在比赛前对运动员给予专业指导、在比赛中给予运动员支持和鼓励，在比赛后与运动员一起分享经验、总结教训。教练员是竞技体育运动高水平的保障者，对运动员产生影响的同时自己也从中获得享受，并实现自身的价值和追求。竞技体育的观众有现场观众和电视机观众，无论在哪观看比赛，体育爱好者都怀着敬佩之心和愉悦之情，竞技体育成了他们表达喜爱、激动的方式，同时也是他们缓解压力的方式之一，因为当他们抱着真情实感来享受竞技体育运动时，竞技体育运动的精彩瞬间会给他们带来激动和惊喜，以使他们暂时忘记那些压力。向着"享受体育"出发，向着"享受体育"发展，将会是竞技体育不断地追求目标。

二、竞技体育产业可持续发展策略

（一）加强竞技体育后备人才培养

竞技体育的发展需要源源不断的后备力量支撑，这是关系到中国竞技体育能否在崛起的高度上实现可持续发展的关键。但是近年来，青少年的身体和健康状况每况愈下，这对竞技体育来说是尤为严峻的问题，那么怎么克服这些问题，以突破竞技体育的发展瓶颈，就需要通过体育管理体制改革来消除中国竞技体育后备人才培养过程中的不利因素，比如，之前较为常见的业余体校培养方式，在体育管理体制改革的不断深化下，呈现出萎缩的趋势。青年后备人才的培养是竞技体育发展首要考虑的问题，其关系着竞技体育的兴衰。

竞技体育后备人才的培养可通过开展多样化的培养方式，形成政府与社会共同联合的培养格局，以极大地促进青少年后备人才的培养和储备。首先，积极调动社会力量以创办多种形式的人才培养机构，为后备人才的选拔开拓渠道；其次，重视学校培养，与教育部密切配合，推进体育与教育相结合，并通过开展阳光体育活动等不同形式的训练来发现和储备优秀的体育人才；最后，在国家层面，应建设多样化的体育后备人才培养基地，重视教练员队伍的扩充，并通过科学的竞赛机制、合理的项目发展规划等渠道为体育后备人才的培养贡献力量。

（二）协调竞技体育战略不同利益主体之间的利益

中国行政管理采取的是分级管理模式，包括省、市、县，因此中国竞技体育的战略实施过程，也是以上一级综合性的运动会为主线，形成全运、省运和县运战略，这些战略之间缺乏有效的组织与协调，形成相互分散甚至是相互抵消的单个力量，在这种管理模式下会形成不同的考核方式，进而导致各个训练系统出现不同的目的与任务，并由此导致竞赛目的和手段的异化，这是我国竞技体育存在的突出问题，这一客观现实在很大程度上阻碍了中国竞技体育的发展。

为了克服这一问题，使得不同战略之间形成合力，以更好地在奥运赛事中取得好成绩，就需要协调好各战略层级的利益，通过各方面的研究与干预，包括各种战略的目标定位、项目设置、竞赛安排、人才选拔及评估体系等，以形成合理的战略安排，保证国家奥运战略目的的实现。

（三）培育竞技体育市场

随着社会主义市场经济的不断发展，竞技体育也要向着产业化前进，这既与现代体育的发展方向相符，同时也在一定程度上减少了体育发展中效率与效益的矛盾。为加强体育市场培育，激发社会力量以促进体育事业的产业化，国家可在政策上向竞技体育市场倾斜，首先加大对竞赛资源、体育组织等无形资产的开发和保护力度，以实现竞技体育持续发展；其次，推进体育产业管理制度和政策体系的逐步完善，为体育用品市场提供政策支持；最后，可通过多渠道的融资方式培育中国的体育资本市场，加大体育产业的资金投入，以促进竞技体育实现产业化的目标。

第四章　体育组织管理助推体育产业的发展

体育强国战略的制定与实施，使得体育相关产业的发展如火如荼，成为国民经济的"朝阳产业"，体育产业管理是社会经济活动之一，而好的体育产业管理体制是推进体育产业发展之必要。本章重点探讨体育赛事及其管理、职业体育俱乐部及其经营管理、体育场馆与用品的经营管理、体育广告的经营管理。

第一节　体育赛事及其管理

体育比赛是体育产业获得收入的主要项目，同样是体育经营管理的重要组成部分，做好体育比赛的安排和管理，能够扩宽比赛收入的途径，对提升竞赛水平以及达到消费者观比赛体验的要求有着很重要的影响。

一、体育赛事及其经济特征

体育赛事是指以运动项目为内容，以争取优胜为直接目的，在裁判员的判罚下，根据体育比赛的规则，按计划安排有序进行的运动员个人之间或者是运动团体之间的比赛以及与之有关的各种体育项目总称。一般意义上的比赛是指双方在比赛场上较量分出胜负的过程，然而体育赛事则是一项综合性很强的全员参与的集体性活动。不只是包含体育比赛的组织准备、安排、服务、实行计划等各种有关活动，还包括门票出售、运动员形象设计、媒体宣传、广告赞助、纪念性产品设计等诸多经济项目。因此，现在的体育赛事形成了世界各族人民共同参与以及集文化、经济、政治于一体的多种因素的社会性活动。

（一）体育赛事的类别划分

依照不同的标准，体育赛事有不同的分类体系。

（1）依参赛者的年龄，可分为青少年比赛、成年比赛和老年人比赛。

（2）依参赛者的行业，可分为职工运动会、农民运动会和学生运动会等。

（3）依比赛包含的项目数量，可分为综合性比赛和单项比赛。

（4）依比赛组织方式，可分为集中组织的比赛和分散组织的比赛。

（5）依比赛区域规模，可分为地区性比赛、全国性比赛、洲际比赛和世界大赛。

（6）依比赛的形式、任务，可分为运动会、冠军赛、锦标赛、对抗赛、擂台赛、邀请赛、选拔赛、等级赛、友谊赛、表演赛、达标赛、积分赛、大奖赛、巡回赛等。

（7）依比赛的性质，可分为职业性比赛、商业性比赛和业余性比赛等。

上述各类比赛又各有不同的项目。因此，体育赛事活动具有多方面的价值，如竞技价值、健身价值、观赏价值、商品价值、宣传价值等。

（二）体育赛事的市场化

体育赛事市场化的特征如下：

（1）观赏价值与市场价值相互影响。观赏价值是基础，决定了体育赛事的市场价值能否实现和实现程度的高低。而体育赛事的观赏价值又是由市场决定的，赛事的市场化促使赛事经营管理者尽可能提供高质量的"产品"，以满足市场的需求。

（2）体育赛事具有过程不可复制的唯一性。作为服务形态的产品，体育赛事的生产与消费具有不可重复性，甚至是一次性消费的特点。

（3）体育赛事具有极强的实效性。体育赛事服务产品具有生产与消费同时性、即逝性的特点。体育赛事的无形资产，如竞赛冠名权、广告发布权等一般也都有特定的时限。

（4）产品价格的不确定性。体育赛事的主要产品是服务产品和无形资产，其"价格"往往受时间、地点、规模等种种因素的影响，具有较大的不确定性。

（三）体育赛事的经济特征

现代体育赛事有以下几个重要的经济特征：

第一，体育赛事参与人数比较多，资金消耗比较大。随着社会经济、文化、技术以及全球化的发展，体育赛事组织的规模大小、举办次数、与竞赛水平也得到了很大提升。拿体育赛事来举例，不管它是国家之间、各大洲之间还是国内、地域性的体育赛事，不论是有规划的正规比赛还是商业活动性的赛事，都有一个共同的特征，那就是体育赛事的规模逐渐变大，尤其是世界性的大型赛事，比赛项目的设置、参与比赛的国家与地区以及参加的比赛人员不断增加。

体育比赛花费的资金主要在以下两个方面：一方面被用于体育比赛使用的场地与基础设施的设计和施工建造，这方面资金花费占到所有资金的绝大部分；另外一方面是组织体育比赛的花销，它所需要的资金比较少。

第二，体育赛事赞助的作用日益明显。体育比赛所需要的大量资金只靠政府的出资远远不够，所以要借助社会媒体寻找公司企业与商业集团的资助或者捐献来筹集剩下所需要的大多数费用。因为现在体育比赛的举行会受到世界各地的人民关注，因此赛事自身就是很好的宣传媒介，因而有很多大型公司或集团乐意出资来赞助赛事举办，进而借助比赛转播为自己的产品打广告，来提升公司和产品的知名度，达到扩大市场的目的以及提升产品的影响力。对体育比赛进行赞助让赛事与经济之间互利互惠、相互帮助，达到一起发展的目的，所以现在赞助对体育赛事发展作用越来越大。

第三，体育赛事的经营管理手段日益市场化。在市场经济的环境下，举办体育比赛一定得运用市场经济的多种法则。体育赛事的举办方以及相关组织，要充分利用与开发体育赛事本身多种多样的经济价值，通过市场经济的自身特点运用这一机制谋划、组织体育赛事以及市场的开拓与经营管理。

二、体育赛事的运营策划

（一）赛事主办者

（1）建立体育赛事组织机构。体育赛事组织机构是体育赛事经营管理的主体。一个体育赛事组织机构包括筹备委员会和组织委员会。成立体育赛事组织机构必须明确体育赛事组织机构的性质及意义。体育赛事组织机构分为营利性和非营利性组织机构。因此，体育赛事组织机构具有发展赛事的职能，是实现规模效益的必要条件。

（2）计划体育赛事。当一项赛事被确定后，必须制定竞赛规程。竞赛规程是赛事计划的重要组成部分，是竞赛的组织者和参加者必须共同遵循的法则。竞赛规程的主要内容包括竞赛的名称、时间、地点、项目、参赛资格、比赛方式、仲裁委员会的组成和有关的参赛经费要求等。

（3）遴选举办地和承办者。筛选举办地是为了寻找最合适的举办者，选定举办者或举办地的办法有两种：一种是有经济条件的成员之间按顺序举办比赛；另外一种是会员之间申请或者竞选，然后体育协会依据一定的原则与程序确立谁承办。

（二）赛事承办者

（1）进行竞赛市场调研，制定赛事运营战略。体育赛事的承办者在赛事举办之前要进行体育赛事市场需求的调查研究。调研的目的是努力把握体育市场上的体育消费者，特别是观赏型体育消费者的消费需要及消费热点，并据此制定相应的体育赛事经营的战略，确立体育赛事的经营目标及经营方针。这些对于各类商业性体育赛事的承办者来说则显得更为重要。

（2）编制体育赛事集资计划，筹措体育赛事所需资金。现代体育赛事的组委会或专业的体育赛事承办机构，其下属一般均设有专门的集资部，具体负责体育赛事所需资金的筹措。集资部的主要任务就是根据体育赛事规模的大小及所需经费的预算来编制集资计划、招商计划，落实资金筹措的渠道、方法和措施，以确保体育赛事所需资金的及时到位及体育赛事的如期举行。

（3）编制体育赛事经费支出预算，做到量入为出。体育赛事的承办者要根据体育赛事经费筹措的计划来编制相应的体育赛事经费支出预算。编制体育赛事经费支出预算的原则是：既要保证体育赛事各项合理开支的需要，又要贯彻勤俭节约、增收节支的精神；既要加强财务监督和管理，又要注意提高资金使用的效益，力求收支平衡、略有盈余。

三、体育赛事资金支出及管理

用于体育比赛的资金投入，主要是指在比赛中，造成的人力、物力以及财力的损失，也是许多费用的花费总和。它是保障体育比赛有序举行的重要条件，所以要很好地经营和计算体育赛事资金的花费。

（一）体育赛事资金支出事项

体育赛事，特别是大型体育赛事的经费开支主要有以下方面：

1. 市政建设

大型体育赛事由于规模大、人员多，运动员来自四面八方、世界各国。为保证体育赛事顺利进行，必须搞好举办地的市政建设。市政建设的内容主要包括机场、港口、道路、广播、通讯、供电供水、安全防卫系统等的建设。

市政建设是一个城市的基本建设，用来迎接国内和国外体育运动员、教练团队、裁判组、各国记者以及旅游人员，是必不可少的基础设施。它不只是举办体育赛事的有力保障，还客观地说明了一个国家或城市的政治、经济、文化、环境、体育等事业的发展情况，市政建设要和城市的发展规划相统一。市政建设是体育赛事支出的另外一种形式，通常交给承办地政府出资建设，因为投资会让承办地经济更好发展。

2.竞赛业务费用开支

体育赛事业务费用开支能够保障体育赛事的顺利进行。

体育赛事业务费用的开支主要有：①组织经费开支，包括设备器材费用、公务费用、公关费用、出场费、奖品费用、奖金费用等；②人员费，包括住宿费、交通费、差旅费、伙食补助费、医疗费等；③大型活动费，包括大型团体操表演、飞机跳伞表演、大型展览会等所需要的各项费用。体育赛事业务费用的开支应尽量以节约为原则，因此各竞赛项目的承办权可以采取竞拍或招标的形式，利用社会力量来主办，这样可以减少体育赛事组委会业务费用的支出。与此同时，尽量多招募一些志愿人员，也可以减少体育赛事组委会业务费用的支出。

（二）体育赛事资金的管理

1.体育赛事资金管理的原则

（1）责权分类原则。所谓责权分类原则，是指对体育赛事资金收支的"职责和权利"进行分类。体育赛事资金收支，既有时限要求，也有货币结算关系问题。在资金管理中力求以"责、权"为标准来区分，哪些资金是收入性的或带有收入性的，哪些资金是支出性的或带有支出性的。这对保证体育赛事顺利进行及全面考核、计算体育赛事经营效益具有十分重要的作用。

（2）物价对等原则。所谓物价对等原则是指把竞赛经营过程中组织进来的物品按照现值等价折成货币资金的方法。遵照这一原则可以全面、及时、准确地反映资金收支情况，并保证资金的安全和完整，提高体育赛事的经济效益。

（3）保证原则。体育赛事是以竞赛的组织为前提的，因此，在竞赛经营计划的执行中，应经常考虑体育赛事本身的需要，这不仅是体育赛事各种能力和因素得以构成及利用的保证，也是保持体育赛事能够顺利进行的重要手段。在遵循保证原则的同时，也要贯彻精打细算、勤俭节约的精神，这在一定程度上也是对体育赛事顺利举行的有力保障。

（4）分账归类原则。所谓分账归类原则，是指在实际工作中对体育赛事资金的收支设立账户，并在此基础上按照收支项目归类的一种核算方法。遵循这一原则的好处是：一方面分账可以提供竞赛内容考核计算资料，另一方面可以提供经营收支项目的考核计算资料，从而为体育赛事资金管理创造了有利条件。

（5）财务约束原则。财务约束原则同样叫作财务管理体制与制度，是用来对体育赛事经营与治理的原则，它有三个方面的意义：一是对体育赛事获得的收益使用要在国家法律、法规和财务制度的范围内；二是在不违反上述要求的前提下，确立适应竞赛主体经营开发的财务管理体系；三是设立具体的财务管理制度、办法等。

遵循上述五项原则，对体育赛事经营活动的资金管理和实现体育赛事的目的都是十分重要的。

2. 体育赛事资金管理的内容

（1）体育赛事获得资金的管理，需要注意：一是全部赛事的盈利和各种其他方面产生的效益，一定要按时入账，方便于考核、检测体育赛事经营的状况和收益；二是当获得资金时要合理利用可比指标，用来保证对收入资金计算的合理性以及系统化，然后为所有体育赛事的有序进行提供支持和保障。

（2）体育赛事资金使用的管理，就是要依据每个部门所要负责的范围以及工作任务进行资金分配，还要建立包干关系。不在计划内的经费使用要严格控制，在这种情况下，还要出台与体育赛事相关的财务使用条例，方便更好地掌控赛事资金。

（3）体育赛事成本费用的确定。由于体育赛事向着市场化和商业化的方向发展，所以体育赛事盈利成本计算的问题便产生了。体育赛事经营成本要从成本项目、开支标准和费用负担等方面加以考虑，并相应做出具体的规定。体育赛事成本的计算主要包括以下内容：

1）体育场馆建设费或体育场馆折旧费、场地租借费等。体育场馆及其器材设备是开展体育赛事的物质前提。体育赛事比赛使用的体育场馆，要以本来就有的体育场馆为主，然后才需要改造或建造新的场所。这样可以节省大量的成本支出。如果确实必须新建的体育场馆，要按照体育比赛使用的实际情况，以中小型功能性多样化为主，一来可以降低建造成本，另外当赛事结束以后还可以再次开发和利用。体育赛事所需体育场馆的建设如果是由体育赛事经营者投资兴建的，则应该考虑其竞赛结束后的出路问题，这样也可以极大地减少成本的支出。

2）人员接待费。人员的接待费用包含住宿费、餐饮费用、交通工具费、治疗费用等。人员接待费用的多少要根据财政、税收、劳动、物品价格等来制定，严格控制人数和参赛天数。需要很好地认识了解划分各项费用的比例，建立完善的财务制度，科学合理统计与分析，把人员接待的费用做到最划算。

3）组织活动费。费用包括裁判员的培养、推广、公关、奖牌、安保、通讯联络、药物检测等，因为体育赛事举办经营的状况不一样，这部分费用及范围有较大的不确定性，其开支标准也没有统一的规定。这就需要体育赛事举办方从实际情况出发，根据体育赛事的实际收入以及有可能投入的资金多少，做出合理的可行性使用方案，争取做到资金使用的最大化和最佳价值。

4）器材、设备及场地布置费。不一样的比赛项目以及不一样等级的比赛，对比赛场地、器材以及设备需求也不相同。关于比赛器材的准备，当满足比赛使用的情况下，尽可能多地去租借，这样可以降低赛事的举办费用。如果确实需要购置的也应以实用、够用为基本原则，切忌不良决策的发生。为体育赛事顺利进行而购买的相关比赛器材，当比赛完结，可以打折卖掉或者转让给别人，来降低费用开支。还有体育赛事比赛用的场馆，在满足比赛使用的情况下，要控制建造成本。要完善布置每个场地购买材料的价格、入库、出库、归还等管理，从而降低损失，达到节约资金的目的。

5）竞赛经营管理费。这是体育赛事承办者为竞赛经营管理活动而付出的不易计入竞赛的直接费用项目的一切开支，包括人员工资、福利费、罚款费等。这部分费用一般比较稳定，可参照以往实际使用的比例计入体育赛事的经营成本。应当指出，经营管理费属于经营性开支，应尽量减少浪费，压缩支出。

3. 体育赛事资金管理的程序

（1）做好预算编报。预算就是一种计划，他体现体育赛事的指导思想和总的要求，是整个体育赛事经营活动的集中反映。预算是调整体育赛事所需经费与可能筹集到的经费之间的综合平衡工作，也是执行经费开支的依据。经费开支是否得当在很大程度上取决于预算安排是否合理。因此，体育赛事经费预算要及早编制。

编制预算前要进行深入细致地调查研究，以提高预算的准确度。编制预算的依据是：竞赛委员会的有关决定、调查研究所掌握的资料数据、经费开支标准和财务管理办法、各部办和各竞赛项目委员会（赛区）工作安排和经费预算、场地的租借（改建或新建）、器材设备需要购置的数量、当地的物价水平和群众的消费水平等。编制预算应遵循的原则包括：消耗性费用应当尽量节约，但要打足预算；场馆及器材设备方面的费用必须充分保证，但要量力而行；各项目竞赛委员会（赛区）的经费支出应实行包干管理；适当留有部分机动费用。

（2）推行经费预算包干，充分提高资金使用效益。经费预算包干是指预算经费一经核定，就实行包干使用、结余留用、超支不补的原则。实行经费预算包干能够加强竞赛经费开支的计划性，调动基层节省经费开支的积极性，并能较好地控制竞赛经费的开支。

（3）制定和宣传体育赛事财务管理办法。大型体育赛事一般都存在机构多、人员多、涉及面广、开支复杂等问题。如果没有统一共同遵守的规章制度和管理办法，是很难控制竞赛经费支出的。为了加强竞赛经费开支的财务管理，需要制定"经费开支标准和财务管理办法实施细则"等文件，以对体育赛事的财务管理指导思想、经费预算管理办法、经费收支管理办法、财产物资管理办法等方面做出具体规定，便于有关人员共同参照执行。

（4）积累数据，精确核算。在体育赛事资金管理过程中注意积累各种数据是相当必要的，这一方面可以随时掌握竞赛经费的运动情况，另一方面也可以为进行体育赛事经营效益的精确核算提供第一手数据资料，同时也能为以后的体育赛事经营管理提供参考。

第二节　体育场馆与用品的经营管理

一、体育场馆及其经营管理

体育场馆是体育产业存在和发展的物质基础，是几乎所有体育运动项目不可或缺的发生场所。在体育产业化发展过程中，实现市场化经营管理已经成为体育场馆发展过程中的必经之路。让体育场馆的潜力充分挖掘出来，让运动竞赛、运动训练和全民健身的服务更加完善是体育场馆经营管理的目标，并利用社会资金和先进的经营管理经验来维持和改善体育场馆的运转，以获得最大的经济效益和社会效益。

体育场馆是专门修建用来进行各类运动的场所，是为了让人们的运动训练、大众体育消费和运动竞赛需要都能得到满足。体育场馆包括的种类有很多，向社会公众开放并提供各类服务的有游泳池、体育场和体育馆；群众体育健身娱乐休闲活动所需的健身房、体操房、体育俱乐部、其他简易的健身娱乐场地；体育训练和教学所需的运动场、田径棚、其他各类室内外场地等。

(一) 体育场馆的建设

1. 体育场馆的科学选址

体育场馆的选址是指在建设体育场馆之前对其所在的地理位置进行论证和决策的过程。这包括两个概念：一是拟建设体育场馆的区域以及区域的环境和应达到的基本要求；二是指具体建设在哪个地点、哪个方位。

(1) 体育场馆的选址类型。体育场馆的选址绝大多数情况下位于城市，城市用地的类型一般有市区、近郊区、远郊区、卫星城等。根据城市规划的有关理论，远郊区为市中心区距离 5 公里以外的界线范围，近郊区为 5 公里以内的范围。所以，对于体育场馆选址来说可归为三种类型，分别是城市型、近郊区和远郊区。目前，我国新建的体育场馆中绝大多数体育场馆选址位于城市近郊区或远郊区，远离城市中心，这仅仅是考虑到体育场馆为赛事和运动队训练服务的需要，未能考虑民众健身的需要，不利于体育场馆赛后的利用。

1）城市型。城市型体育场馆都是位于城市发达区域或者城市中心位置，例如湖北洪山体育中心、北京工人体育中心、长沙新世纪体育中心等，这类体育场馆是一座城市中建设最早的体育场所，而且它们的周边设施种类非常多也比较完善，可通达性较强，人流量较大，利用率相对较高。因此，城市型体育场馆可最大限度地满足公众日常生活的需求。

2）近郊型。近郊型体育场馆介于城市型和远郊型之间，这类体育场馆一般坐落在市中心区距离 5 公里以内的界线范围内，它的发展空间相对充足，有较强的通达性，设施也可以从城市中心进行借用，因此，在带动城市发展中，近郊体育场馆的作用最为明显。近郊型体育场馆随着城市的发展在未来成为城市型体育馆的可能性非常大，因此这类体育场馆在建设之前会进行实地考察，看拓展空间能有多大。除此之外，其他功能发展的弹性空间也会在考量范围内，这样才能保证建好的体育场馆在未来的城市发展过程中起到带动的作用。

3）远郊型。远离城市中心区所建立的体育场馆成为远郊型体育场馆，它一般坐落在 5 公里以外的城区范围内。这类体育场馆土地使用价格相对比较低廉，而且用地非常宽松，不足之处就是人流量较小，周边经济不发达，配套设施不完善，无法有效地开展多种经营和赛后利用。这种体育场馆是为了举办大型赛事而建立，城市要想拓展需要远郊型体育场馆的带动，就连城市想要实现跳跃式发展或城市实现单中心向多中心转变也得依靠远郊型体育场馆的发展来实现。因此，此类体育场馆一般建在城市发展方向上。

(2) 体育场馆选址的影响因素。

1）城市发展方向。远郊型体育场馆和近郊型体育场馆的选址对城市发展有很大的影响，每个城市的建设重点和发展方向都是不同的，在发展潜力方面，不同的城市区域也有很大的不同。

2）区域经济。城市内的经济发展水平在不同区域有差异，因此不同区域居住的人不管是教育文化水平还是消费能力也有差异。后期体育场馆的运营会对区域经济的发展水平产生比较大的影响。在国内，一般会在经济相对不够发达的地区建设体育场馆，目的是想让区域经济的发展可以通过体育场馆的建立和使用来得到推动，而国外却刚好相反，他们往往会在城市发达的区域建设体育场馆，而且都是尽可能地建在商业繁华区附近，这样可以让商业和体育都能实现共同快速发展。因此，如果想要体育场馆在后期的利用价值更大，发展得更快，在经济较发达的区域建体育场馆是非常不错的选择，这样体育场馆的利用率一定可以实现有效地提高。

3）土地价格。体育场馆一般占地面积较大，为节省建设成本，具有发展潜力、土地价格适中的区位是体育场馆建设位置中的首选位置，这样周边地块和区域的发展就可以通过体育场馆的集聚效应被带动起来，而不是选土地价值最高的区位让建设的成本加大。

4）交通。举办大型活动时，体育场馆安保考虑的主要问题应该是大量人流的疏散与聚集安全问题；为了让体育场馆的使用效率提高，在没有举办大型活动时，体育场馆就要认真地考虑体育场馆的便利性与可通达性，这样才会在大活动时不会束手无策。因此，城市的交通规划也应该纳入体育场馆选址中的重要考虑内容，有的体育场馆的选址还以城市交通枢纽附近作为首选位置。一般情况下，如果城区与体育场馆之间的交通联系比较方便的话，那么体育场馆可以距离城市远一点，如果城市交通不够便利的话，体育场馆最好建立在城区内部。

（3）体育场馆的功能定位与规模。在一座城市中，不同类型的体育场馆在选址上是有差异的。一般情况下，专业类型的体育场馆选择的区位都是距离城市较远，综合类的体育场馆选的区位多离城市较近，这是因为专业体育场馆相比综合类型体育场馆的服务对象来说，更加单一化，它的目的和利用方式也很简单。如果想要建设一个大规模的体育场馆，那么适合的区位一般在城市较远的地方偏多，小规模的体育场馆选址基本都会在城市较近的区位，这样比较利于体育场馆的长期发展。

体育场馆的功能定位对于其选址有较大影响。我国体育场馆的功能定位既要承办大型体育赛事、文化活动等，还要承载全民的健身功能，这就决定了体育场馆的选址不能远离市区，毕竟体育场馆的赛事功能是一时的，而全民健身功能则是贯穿于体育场馆的整个生命周期的日常性活动。

2. 体育场馆的功能设计

（1）体育场馆的功能定位。体育场馆的功能定位是功能设计的前提和基础，体育场馆的功能设计取决于其功能定位。体育场馆的功能定位是指在目标市场选择和市场定位的基础上，根据体育场馆潜在的消费者需求的特征，结合体育场馆的特点，对体育场馆应具备的基本功能和辅助功能做出具体规定的过程。根据体育场馆潜在的不同类别的消费者需求的不同，可以将体育场馆的功能定位分为竞赛型、健身型、训练型和复合型四种类型。

1）竞赛型。竞赛型体育场馆是指体育场馆的功能定位主要是用于满足各种大型体育赛事的需要，以承接各种大型体育赛事为主要目的，如国家体育场、国家体育馆等体育场馆。一般而言，此类体育场馆规模较大、场地面积较小、工程造价较高，拥有大量的看台和高档的辅助设施以及各种附属功能用房，以大型体育场馆居多。

2）健身型。健身型体育场馆是指体育场馆的功能定位主要用于群众的健身活动，以满足群众的体育健身为主要目的，如各地兴建的社区体育中心或全民健身中心等。一般而言，此类体育场馆规模较小、场地面积较大、工程造价较低、看台数量较少或没有看台、设施设备比较简易，以中小型体育场馆居多。

3）训练型。训练型体育场馆是指主要用于高水平运动队训练的体育场馆，以满足高水平运动队和运动员的训练为主要目的，主要是国家体育总局及各省体育局在各地建设的国家队以及省市运动队的训练基地等，如国家体育总局训练局体育场馆设施、国家体育总局秦皇岛训练基地等。目前，国内多数此类体育场馆在满足运动队训练需要的同时，也逐步向社会开放。

4）复合型。复合型体育场馆是指体育场馆的功能定位于多元化、多功能的体育场馆，体育场馆不仅具备竞赛、健身等多种体育功能，还具备休闲、娱乐、商业等功能。复合型体育场馆是当今体育场馆发展的主要趋势之一，国外许多体育场馆如温布利大球场和国内的南通体育会展中心、哈尔滨体育会展中心等均是复合型体育场馆的典型代表。

（2）体育场馆功能设计特点。从当前体育场馆的发展趋势和国外体育场馆功能设计的现状可以发现，当前体育场馆的功能设计具有以下方面的特点：

1）体育场馆功能设计的综合化。当前体育场馆建设的主要趋势是在设计体育场馆时，尽可能地让体育场馆的功能综合化，而且目前已经成为世界建筑发展中的主要趋势。在选址及功能设计方面，国外的体育场馆的集聚效应实例要比我国国内的多很多，他们在设计大型公共活动场所时，常常把会堂、展览馆、音乐厅等与体育场馆共同设计规划，让这些大型公共场所在一起形成公共活动中心，有的还会把这些大型场所专门组合在一起，建成建筑综合体。例如千叶幕张会展中心，它坐落于日本，会展中心在设计时，其中的一个多功能展厅就是一座多功能的体育馆，使用上可以和会展中心的其他部分互相依附，也可以彼此独立，可以根据活动内容任意调节，使得体育馆的使用率大大提高，而且，体育场馆本身就属于公共建筑，它的空间比其他很多公共场所的空间都大，不仅如此，空间的形式也没有任何明确的限定，分割时可以按照使用功能灵活来设计。空间的灵活形式让体育场馆可以把相似功能需求的项目的空间整合在一起，例如集会、健身、展览、文艺、各种比赛等，从而让体育场馆的使用功能朝多样化展现。

集会、大型赛事、展览、文艺演出等在被体育场馆承办时，一般在使用场地时都是间歇式交错使用，避免出现同时使用而造成其他不良影响，在时间上，各种活动之间都是互补的，这样综合利用场馆设施的可能性和体育场馆的赛后使用率都可以大幅度地提高。因此，体育场馆设施功能设计的综合化既是当代建筑发展的趋势，也是社会发展的必然要求。

2）体育场馆功能设计的多元化。近年来，体育场馆功能设计呈现多元化的发展趋势，国内外涌现出了许多具有多元功能的复合化场馆或场馆复合体，将场馆与酒店、商业设施、办公楼、休闲娱乐设施等多元功能融合起来进行一体化设计、施工，使体育场馆复合体除了具备竞赛、健身等功能外，还具备酒店、商业、娱乐、休闲等多元功能，如国内南通、哈尔滨等地建设的体育会展中心，在规划设计中就融合体育、会展、酒店等多元功能。此时，体育不再是复合体的唯一功能或主要功能，体育中心经过演变成为城市的商业中心和休闲娱乐中心的复合体，在城市更新过程中充当载体的角色。体育场馆聚焦效应的形成是多功能之间相互促进、相互影响的产物，从而促进场馆与其他设施的充分利用。场馆承办大型赛事等活动可为复合体带来大量的客流，带动复合体内其他设施的经营，而前来复合体内其他设施消费的人群，也为场馆的经营与市场开发提供了潜在客源。

3）体育场馆规划设计以赛后利用为主。场馆设施赛后该如何运营的问题已经被人们开始重视起来，人们也已经认识到赛后运营问题要在规划设计时就应该考虑，而不是等到赛后才去考虑如何运营。应该在规划设计时，把赛后运营的思路和方案规划进去，这样功能设计的方案就比较完善，体育场馆赛后运营也就变得容易许多。而且，在体育场馆建设管理中，政府部门也意识到在功能设计中考虑赛后运营的重要性，要求体育场馆赛后管理部门提前参与体育场馆的规划、设计，并要求体育场馆管理部门提出赛后运营方案、使规划、设计方案充分考虑体育场馆的赛后运营，这有效地提高了体育场馆功能设计的科学性，为体育场馆的赛后运营奠定了基础。部分城市体育场馆的投资者从投资收益角度考虑体育场馆的功能设计，在设计中充分考虑赛后运营，以体育场馆赛后利用设计为主，兼顾赛时需求，体育场馆的多功能使用与赛后运营在设计初期就非常明确，这对于提高体育场馆的运营效果非常有利。

（二）体育场馆的经营

1. 体育场馆经营管理的目标

体育场馆的所有经营管理活动都是根据任务或是经营目标而进行的，体育场馆经营管理的目标和任务是体育场馆一切经营活动的基础和依据，必须给予足够的重视。

（1）提供体育服务产品以满足体育消费者的需要。将体育服务产品提供给消费者是体育场馆经营的主要任务。所以，体育场馆要在不影响运动训练的前提下，积极地开展各项体育业务，通过举办各类体育表演、运动竞赛及不同形式的体育活动让体育消费者的需要得到满足。比赛形式要多样化，并做好前期的宣传工作，形成品牌效应，寻找消费热点、引发新的卖点。

（2）提供体育以外的其他社会服务，开展多种经营。在经营管理体育场馆时，它不能只为体育运动服务，还应该为体育以外的社会活动服务，这样它的服务能力才能更好地得到发挥。这也是体育场馆经营管理过程中的重要任务。众所周知，不管是体育活动还是运动竞赛，它都有时间性和周期性，像滑雪、游泳这类运动项目还都具有季节性，所以体育场馆在经营管理的过程中有一段或者几段时间都是处在闲置状态中。因此，体育场馆可以在不影响运动训练或者体育竞赛及活动的前提下，把多种经营模式积极开展起来，让闲置的服务能力得到有效利用，为体育以外的社会活动提供服务，如展销会、演唱会、招聘会等，让体育场馆的社会价值更大化。

（3）确保国有资产保值增值。各类公共体育场馆都是国有资产，它们在兴建时都是由国家投资的。所以各类公共体育场馆不管是体育商品的经营者还是生产者，它的盈亏、核算、经营都是独立自主的，生存和发展中也是一样，而且国有资产的增值也要确保不受到损害，这也是体育场馆经营管理过程中需要完成的重要任务之一。

2. 体育场馆经营管理的内容

体育消费者切身利益和体育场馆经营管理基本内容有着很大的关系，也和消费者有密切的联系，也最能体现体育场馆管理工作是否完善到位，体育场馆的本质功能就是为各种体育提供服务，要想把体育场馆的经营性和公益性实现有机地结合，那么体育服务就必须要突出，在不影响体育服务的主要前提下，开展多种经营模式。

（1）举办体育赛事。举办体育赛事对体育场馆，尤其是大型体育场馆来说，是它们发展和生存的关键，在没有赛事安排时，场馆的有效利用几乎很少，有些时候甚至没有。场馆收入的主要来源就是赛事，也是最能体现场馆核心功能的主要途径。

体育赛事的种类多种多样，既有国际和国内大型体育赛事，也有职业赛事，还有各类自办赛事等。在我国现行竞赛管理体制下，体育场馆运营管理者并不拥有体育赛事资源，体育场馆运营管理者提供体育赛事服务，首先需要申请承办或承接各类体育赛事，只有在获得各类体育赛事的承办权后，体育场馆运营管理者才能向社会提供体育赛事服务。

近年来，国内部分体育场馆运营管理者为丰富体育场馆的经营内容，自主策划组织了一些体育赛事，进行相应的赛事资源开发，取得了较为理想的业绩。体育场馆运营管理者既有可能是体育赛事服务的经营开发者，也有可能是体育场馆物业的出租者，不承担任何市场开发任务，具体情况要根据体育场馆运营管理者与赛事主办方签订的协议而定。体育赛事服务不仅是体育场馆服务业重要的经营内容和体育场馆的重要收入来源，也是提升和推广体育场馆品牌形象和价值的重要平台。

（2）开展健身服务。体育场馆经营内容中的重头戏是体育健身休闲娱乐，它既能让公众的体育需求得到满足，也最能让体育场馆的公益性质得到体现。人们的生活方式随着生活的舒适和经济的发展而开始向品味化、健康化发展，因此，健身休闲娱乐刚好可以让他们对新生活方式追求得到满足。体育场馆是群众参加健身活动的主要场所，健身休闲服务是体育场馆服务业十分重要的经营内容之一，是其日常化和常态化经营的重要内容。

体育场馆不管是资源还是健身设施在拥有程度上都十分丰富，所以成立健身会所、健身俱乐部都是一件比较容易的事情，而且资源的丰富可以让各种全民健身活动都能顺利地开展，让健身服务的经营性和公益性都能得到实现，消费者不同层次的需求也能得到满足。一些休闲娱乐业如洗浴、酒吧、会所等，体育场馆可以让其作为附属设施开展经营，让体育场馆的周边都发展起来，让休闲娱乐在体育场馆周边形成产业链，让体育场馆的聚集效应充分地发挥，让娱乐、休闲、健身等行业能够协调发展、彼此互相支持。健身休闲娱乐业如果由体育场馆来经营的话，那么对于体育场馆本身来说百利而无一害，不仅可以让原来的经营更加稳定，而且潜在的消费群体也会逐渐扩大化，让消费者在体育场馆中的消费需求可以实现多元化，同时多元化的经营也可以为体育场馆带来足够多的人气和经济收益。

（3）组织体育培训。体育培训是指把体育相关知识和体育运动技能传授给受训者，一般的体育培训多指的是各种体育运动技能的传授。在体育场馆经营中，体育培训是非常重要的一部分，它可以将自身的资源优势充分利用。体育培训需要两个方面的基本条件，即体育专业教练人员和体育场馆。对于体育场馆来说，他们经营体育培训业务，具有巨大的其他社会力量难以企及的场馆优势，同时由于场馆工作人员很多是体育专业出身，也具有一定的专业能力方面的优势，因而开展体育培训业务是体育场馆提高经营效益的一个非常好的选择。

体育场馆为了让消费者的多样化需求得到最大限度地满足会开展体育培训服务，这对于提升体育场馆的服务质量和增加服务种类具有重要意义。大力开展培训服务有利于增加群众的体育参与度，增加经常参与体育锻炼人口的比例，并有助于培养青少年后备人才，为国家竞技体育服务。

（4）引进文化演艺。在当前国内体育赛事资源比较稀缺的情况下，承接或举办各类文艺演出和演唱会等文化活动成为体育场馆经营的重要内容，也是当前体育场馆的重要经营收入。目前，在国内部分体育场馆一年举办的各种大型活动中，大型文化演艺活动所占比例甚至远远高于体育赛事的比例，部分体育场馆也因此成为演艺明星举办演唱会的首选场馆，如北京工人体育场、五棵松体育馆、上海体育馆等。当前，我国体育场馆运营管理者与大型文化演艺活动主办方之间多为场馆租赁关系，由场馆运营管理者为活动主办方提供场馆租赁服务，而由体育场馆自行主办的大型文化活动相对较少。

（5）承接企业庆典。企业庆典是指工商企业租赁或依托体育场馆开展的户外拓展、趣味比赛、企业年会、庆典等文体活动。承接企业文体庆典服务成为近年来体育场馆经营的重要内容之一，其收入在体育场馆经营收入中所占比例逐步提高。企业特别是部分大型企业为了塑造自身的企业文化，扩大企业的影响和知名度，经常需要举办一系列与企业文化相关的文体活动，如企业运动会、企业年会以及企业庆典等活动。这些活动需要专业的机构帮助企业进行策划、组织和实施，体育场馆运营管理者根据企业的需求为企业度身定制各种文体活动服务，受到企业的青睐。国内运作企业文体服务比较成功的场馆主要有武汉体育中心和广州新体育馆等，企业文体活动在这些场馆一年举办的各种活动中约占 1/3。

（6）提供会展服务。会展服务是指在会展活动过程中，由主办方或承办方向与会者、参展者以及观众所提供的各项服务，包括交通、文书、采访、接待、礼仪、旅游、通信、金融、后勤以及展台设计、展具制作、展台搭建、展品运输等服务。体育场馆作为大空间建筑，符合会展对于空间的要求，适宜举办各种会展活动。

近年来，随着会展经济的快速发展，会展业逐步引起了体育场馆经营管理者的重视，现在体育场馆经营过程中，会展服务也已经成为重要内容之一，一些位于城市中心的体育场馆在每一年里会承办的各种各样的活动，例如展览、展销会、人才交流会、各种会议等。场馆运营管理者在承办各类会展的过程中也积累了较为丰富的会展业运作经验，因此，根据展览、展销会、会议的经验、运作流程以及客户和市场的需求，体育场馆运营管理者开始进行前向或者后向的经营，让经营尽可能地实现多元化，保证提供市场与客户的服务更加个性化、多元化。让市场与客户的不同需求都可以得到满足。

（7）开发无形资产。近年来，国内体育场馆从业机构在注重有形资产经营的同时，也逐步意识到其自身蕴涵的无形资产的巨大价值，加大了对体育场馆冠名权、户外及馆（场）内外广告发布权、商号、商誉等无形资产的开发力度，开发了一系列体育场馆无形资产产品，部分体育场馆在无形资产开发方面也取得了较为理想的收益，积累了一定的成功经验。

体育场馆内外以及周边户外广告的发布权已成为大型场馆获取经营收入的重要渠道。北京奥体中心、五台山体育馆、上海东亚体育中心等一些体育馆也成立了自己的专业广告公司，这些广告公司会专门开发与运作自己场馆的广告业务和无形资产；北京奥体中心为了冠名权和指定专用用品的开发，利用国家奥林匹克体育中心的品牌价值，和很多知名企业开展合作，成为战略合作伙伴，积极建立战略合作关系，让奥体中心获得的收益更加丰厚，在北京奥运会结束后，"水立方"饮用水也由水立方推出，走进人们的生活中。

（8）配套综合服务。综合服务是指体育场馆运营管理者在经营过程中，根据市场和消费者的需求提供除以上各种服务之外的其他服务。综合服务的经营以配套服务的经营为主要尽量与体育场馆的上述经营内容相匹配，以满足消费者的多元化、个性化需求。

综合性服务项目包括：①体育经营活动的各种配套项目，如洗浴、按摩推拿、餐饮、超市等；②由体育场地设施衍生出来的服务，比如停车场、家具展销、酒店宾馆等；③利用场馆优势开展的其他服务，如私人教练与陪练、体育用品销售等。

体育场馆开展综合服务，让多种功能的自身价值得到充分发挥，场馆的使用率也得到了提高；不仅如此，还可以为场馆以外的社会提供体育服务，让人民群众的文化生活需要和物质需要都逐渐获得满足。

在开展体育场馆综合服务前，先要把场馆内体育运动服务，尤其和运动竞赛有关的服务要完善到位。体育服务可能会受到人员、场地、设施等因素的影响，让多种综合服务在经营的过程中出现冲突，此时，体育场馆应该无条件、无理由地服务与服从体育运动的需要。

二、体育用品及其经营管理

近年来，随着体育活动的不断推广和普及，越来越多的人开始参加体育活动，体育活动也逐渐成为大众化、社会化、生活化的运动方式，渗透到人们日常生活中，而且随着人类社会的发展，体育活动的范围仍在继续扩大。人们对体育用品的数量和品种需求也越来越大，体育用品的生产领域也在不断地扩展。

体育用品是指用于开展体育活动，又具有体育特性的各种物品的总称，如体育服装、鞋帽、场地、器材、设备等。

（一）体育用品的分类

根据体育用品的功能和用途，体育用品可分为运动服装、球类器械设备、健身器械、娱乐及场馆设备、体育科研测试器材、户外运动品、渔具系列、运动装备及奖品、运动保健品、裁判员及教练员用品等类别。

（1）运动服装类。运动服装类主要是指用于体育活动的运动服装、鞋、帽等。根据各种运动项目又可以进行细分，如篮球服、篮球鞋、游泳装、体操服，等等。

（2）球类器械设备类。球类器械设备类主要是指用于各种球类活动的球和设备，如篮球、足球、排球、乒乓球等及其设备。

（3）健身器械类。健身器械类主要指运动员身体素质训练和体育爱好者健身、康复练习用的器材设备，包括各类健身器材，如跑步机，武术的刀、枪、棍等。

（4）娱乐及场馆设备类。娱乐类的设备和器材主要包括体育娱乐和棋牌娱乐设备，如龙舟、秋千、风筝、国际象棋、围棋、扑克牌等；场馆类的设备和器材主要分为体育场地类和体育馆设备类，如足球场、篮球场、羽毛球场、座椅、记分牌等。

（5）体育科研测试仪器类。体育科研测试仪器类主要指为测量身体形态、素质、机能状态以及进行运动技术分析、评定而使用的仪器设备，如弹跳仪、身体量高仪、运动肺活量测试仪、遥控心电仪等。

（6）户外运动品类。户外运动品类主要指人们在户外进行休闲运动所用的器材设备，如登山、攀岩、狩猎等用品。

（7）渔具系列类。渔具系列类主要是指用于钓鱼活动的渔具，如钓钩、钓竿、渔线等。

（8）运动装备及奖品类。运动装备，主要是指运动者在运动场所和户外旅游、休闲活动时所使用的一些用品，主要包括运动包箱和其他运动配具。体育奖品、体育纪念品，主要指体育竞赛中优胜者获得的奖杯、奖章和双方为增进友谊而互相交换的队旗、队徽、纪念章、纪念卡等带有浓郁体育色彩的纪念品。

（9）运动保健品类。运动保健品类主要是指在运动过程中及运动结束后为补充机体能量、水分而专门制造的饮品和营养品，如运动饮料、运动营养品等。

（10）裁判员及教练员用品类。裁判员及教练员用品类主要是指裁判员及教练员用于发出指令和记录比赛以及训练情况的用品，如口哨、记分器、计时器等。

（二）体育用品的作用

第一，体育用品为体育项目的发展提供了有力的支持。体育用品是开展体育活动最基本的物质条件，他的质量与竞技水平和运动成绩有着非常直接的关系。体育项目与体育用品息息相关、不可分割，两者相互促进，体育项目的举办依靠体育用品，而体育用品的质量也是决定体育项目的关键。在一些国家，体育用品的垄断性质更强，这是因为一般开展体育项目的负责人同样也是体育设备和器材的经销商，如此，不仅有效地结合了体育用品的制造和运动项目的发展，同时也保证了体育用品的销售，为体育项目的发展提供了有力支持。

第二，体育用品兼顾体育和经济双重属性，其作为体育市场发展的重要组成部分，既为体育项目提供了有力支撑，同时也极大地促进了体育经济的发展，而随着体育事业的迅猛发展，体育用品在国际上的影响力也愈来愈大。体育用品在支持中国体育事业发展，培育体育用品市场，拉动内需，引导消费，扩大就业，调整经济结构和促进经济增长方面有明显的作用。

第三，体育用品对自身市场发展的促进作用。体育用品市场品种繁多，生产企业已形成市场竞争格局，这对推动中国体育用品业的发展，提高中国体育用品质量，促进体育用品更新换代，振奋民族品牌以及增进国际交流等发挥了积极作用。

（三）体育用品的特征

作为商品的体育用品，在具有商品的一般特征的同时，又具有其一定的特殊性。这主要体现在以下三个方面：

（1）具有鲜明的体育色彩。体育用品与体育有着密切的联系，是人们从事体育运动、体育健身、体育休闲娱乐的基本物质条件，具有鲜明的体育色彩。

（2）具有较强的专业性。许多体育用品与具体的体育运动项目、比赛以及运动技术的发挥密切联系，因此，在质量、规格、材料、生产工艺、技术标准等方面有着较高的要求，并且在使用上也要求具备一定的专业技术性和专业技巧性。

（3）具有高消费品的属性。体育用品在产品类别上属于消费品范畴，一方面由于体育运动属于力量型的活动，对体育用品的损耗程度大，更新换代的速度较快；另一方面由于体育用品不是生活必需品，主要用以追求健康、文明的生活方式，属于发展、享受型的生活消费品。

（四）体育用品的经营

1. 体育用品的生产管理

（1）体育用品生产过程。体育用品生产同其他的工业产品生产类似，是体育用品企业一项基本的活动，是企业一切活动的基础。西方学者习惯于将与工厂联系在一起的有形产品的制造称为生产，而将提供劳务的活动称为运作，或者将两者并称为生产与运作。体育用品生产是体育企业利用资源将输入转化为输出的活动过程。

体育用品的生产过程是指从准备生产开始，经过一系列的加工到成品生产出来为止的全部过程。在生产过程中，主要内容是人的劳动过程，即劳动者使用劳动手段直接或间接的作用于劳动对象，使之按人们预定目的变成体育用品的过程。

根据体育用品生产过程中各个阶段体育用品所起作用的不同，生产过程如下：

1）生产技术准备过程：体育用品在投入生产前所进行的各种准备工作的过程，如产品设计、工艺设计与制造、材料定额和工时定额的修订、劳动组织的调整、新产品的正式制造与鉴定等。

2）基本生产过程：直接把劳动对象变为企业基本产品的生产过程。

3）辅助生产过程：为保证基本生产过程的正常进行，为基本生产过程提供辅助产品和劳务的生产过程。所谓辅助产品是企业为实现基本产品生产所必须制造的产品，他们不构成基本产品实体。辅助产品包括工具、夹具、量具、模具以及蒸汽、电力、压缩空气等动力。劳务是指为基本生产服务的工业性服务，如设备维修等。

4）生产服务过程：为基本生产和辅助生产顺利进行而提供的各种服务性活动。上述四个部分彼此结合在一起，构成企业整个生产过程。其中，基本生产过程是主导部分，其余各部分都是围绕基本生产过程进行的。

（2）体育用品生产过程管理。体育用品的生产管理是根据体育用品生产企业的特性及生产经营规律，按照体育用品市场反应出来的社会需求，对体育用品企业的生产活动进行计划、组织、指挥、控制、协调和激励，充分利用各种资源，实现经营目标，不断适应市场变化，满足社会需求，同时使企业自身发展和职工利益得到满足的一系列活动。为保证生产的顺利进行，加强生产过程管理，必须做到以下几个方面：

1）加强人员的培训，提高管理人员的管理水平，提高岗位操作人员的操作技能，掌握工艺流程和设备安全操作规程。

2）加强物料管理，把好入口关。必须坚持不合格原料不投产，不合格半成品不接收的原则，车间与车间之间，班组与班组之间的物料周转，一定要交接清楚，以确保每个工序的产品质量都能得到可靠的保障。原料、半成品的物料状态标识要清楚，内容齐全，物料码放整齐、有条不紊，投料、发料都要认真复核，核对无误后才可放行。

3）严格控制工作环境，要达到一定洁净度级别的要求，以减少人、物料及环境对产品的污染。此项工作的重点在于：一要做好人净物净，二要加强工艺卫生工作。

4）完善工艺规程和岗位标准操作规程，各车间对每个岗位的具体规程要求要根据实际情况进行修订，使之更具有指导作用。

5）加强生产过程的监督工作，特别是重点岗位、重点人员的监督，以强化操作人员的质量意识，充分发挥质量管理部门的职能和权威性，把产品质量控制在制造过程的每一个环节。政府职能部门要协助企业建立起以企业生产管理标准为基础，以产品质量标准为核心，以检验检测为保证的企业标准体系。

2. 体育用品的开发管理

体育用品开发是指体育用品生产企业依据市场的变化，为了在竞争中赢得主动，通过各种手段设计新产品的过程。新产品的开发反映了一个企业的市场反应能力和产品创新能力，同时也是企业综合素质的重要体现。只有不断地找准市场方向开发新的产品，企业才能保持活力，才能在同行业的竞争中立于不败之地。

（1）体育用品开发的种类。市场营销中体育用品的开发，是对现有体育产品的改进、改革或创新等。综合起来，体育用品的开发大体上可分为以下四种类型：

1）全新产品。全新产品主要指采用新的科学原理，用新技术、新材料制成的体育产品。例如，首次推出的健身跑步机等。由于体育新产品包容的科技含量越来越高，投资多，费时长，风险大，一般的企业难于开发。

2）换代产品。换代产品指采用新材料、新元件或新技术，革新了原有体育产品的工作原理或性能，使产品性能有显著的提高，它又称为部分新产品。例如，健身跑步机已发展成多功能电脑跑步机就是换代产品。

3）改进新产品。改进新产品指对体育老产品的结构、材料、品种、颜色等方面做出改进的产品。

4）仿制新产品。仿制新产品指企业仿制市场上已有的新产品。这类产品受专利权等知识产权的限制，在仿制时往往需要做一些修改。

（2）体育用品开发的要求。

1）有市场。有无市场是企业新产品开发决策的关键。因此，开发新产品必须做好对市场需求的调查分析和预测。

2）有特色。所谓特色，就是要有新的性能、新的用途或新的样式等。在同类体育产品中，创出自己的产品特色，使消费者感到这种产品与众不同，才能激发他们的购买欲望。

3）有能力。确认某种新产品有市场后，就要认真分析企业开发这种新产品的实力，包括企业的技术力量、生产条件、资金和原材料供应等。

4）有效益。有效益包括有经济效益和社会效益。目前，我国体育用品类产业基本上可以做到两个效益并重，因为这方面的市场法则和法规条例已趋成熟。

（3）体育用品开发的方式。

1）独立研究开发。独立研究开发就是企业依靠自身的科研技术力量研究开发新产品。这种方法需要投入较大的人力、财力和物力，费时较长。

2）协作研究开发。协作研究开发就是通过企业与企业、企业与科研机构或高等院校（体育运动学校）之间的协作来发展体育新产品。目前，我国已采取多种措施，鼓励科研机构、高等院校、体育运动人才培训中心与企业、体育俱乐部等联合，为开发体育新产品创造较好的条件。

（4）体育用品开发的程序。体育用品的开发过程一般都要经过构思、筛选、形成产品概念、商业分析、产品开发、市场试销和正式上市等七个步骤。

1）构思。构思是任何新产品开发的起点，是对未来新产品的基本轮廓架构的设想。企业寻求新产品构思必须有一套系统的规定，明确新产品发展的行业范围、目标市场、产品定位、资源分配、投资收益率，等等。新产品构思有许多来源，既可能来自企业内部，也可能来自企业外部，既可以通过正规的市场调查获得，亦可借助于非正式渠道。从企业内部看，企业科技人员和市场营销主管人员是主要来源；从外部看，消费者、竞争对手、科研机构、高等院校和国外企业的经验等都是企业获得构思的主要来源。

2）筛选。构思完成以后，企业必须根据自身的资源、技术和管理水平等对构思进行筛选。选出好的构思进一步开发，剔除不好的构思。构思的筛选要防止两种偏向：一是对好的构思在没有论证之前轻易放弃；二是对不好的构思轻率采纳。正确地筛选应该根据企业内外部的具体条件，全面分析衡量，谨慎地决定取舍。在外部的环境方面，一些体育类企业习惯用市场大小、市场增长情况、产品质量与水平、竞争程度等标准进行筛选。应该指出的是，没有一套标准能适用于所有类别的体育企业，各企业都要根据自身的具体情况去确定筛选标准。

3）形成产品概念。经过筛选后的新产品构思，还要进一步形成比较完整的产品概念。测试目的是了解目标消费者对于新产品概念的看法和反应。此外，在发展和测试概念过程中还要对体育产品概念进行定位，即将该产品的特征同竞争对手的产品进行对比，并了解他在消费者心目中的位置。

4）商业分析。对体育用品概念的发展和测试完成后，还要详细分析该体育用品开发方案在商业领域的可行性，具体的商业分析包括很多内容，如推广该项体育新产品的人手和额外的物质资源、市场销售状况预测、成本和利润率、消费者对这种创新的看法以及竞争对手的可能反应等。

5）产品开发。经商业分析如有开发价值就可进入具体的体育产品的实际开发阶段。这表明企业要对此项目进行投资，招聘和培训新的人员，购买各种设施，建立沟通系统。此外，对体育非物化产品还要建立或测试构成此产品的有形要素。

6）市场试销。对于体育有形产品来说，当新产品研制出来后就要投放市场去试销，因为消费者对设想的产品同实际产品的认识可能会有些偏差，有些新产品甚至会遭到被淘汰的命运。

7）正式上市。试销成功的体育新产品即可批量投产上市。在正式上市时，企业应制定四项基本决策：体育新产品的推出时机；体育新产品的推出地点；体育新产品的目标消费者；体育新产品的营销策略。

3. 体育用品的营销管理

（1）体育用品营销渠道。作为体育用品的消费者，我们到体育用品商店里可以看到琳琅满目的体育用品，只要想要并且有支付能力，就可以把它买回去。我们不仅可以买到本地或外地的体育用品，还可以买到国外的体育用品，而这一切都归功于营销渠道把体育用品的生产者和数量众多而分散的消费者连接起来。

1）专卖店营销模式。体育用品专卖店是指某一品牌的体育用品或某一类体育用品的专营零售店，它是体育用品生产者或经营者建立企业形象、品牌形象的有利场所，是直接利润与信息的来源，是与消费者沟通的平台，也是员工培训的基地。

第一，专卖店管理运作系统。专卖店管理运作系统主要包括管理系统、信息系统和物流系统。管理系统的主要职能是明确专卖店管理责任及考核标准，制订有关约束措施。信息系统的主要职能是对货品进销存进行分析，了解顾客情况，提出商品推广建议。物流系统的主要职能是对货品的采购与供应。

第二，专卖店铺货品运作分析。

从产品销售的角度考虑，市场前景、天气因素、促销活动、销售历史数据、新老客户的推荐等都是影响产品销售的因素，而专卖店铺的货品分析，就是结合这些市场因素，来合理、准确地判断各类别货品的销存状况，进而协助公司进行产品推广，并就产品配货情况提出合理化的建议。公司的库存产品应按类别、按款式分成不同的种类，并结合专卖店的销售情况将其分为畅销款、重点推广款、滞销款等，以此为依据来制定下一期间产品的数量和金额，最大限度地提高货品销存结构的合理性，减少因滞销款带来的资金浪费。

专卖店铺的货品分析数据可作为直营店店长的补货依据，直营店的补货流程一般包括每周计划分析、销售中期补货、节假日随时补货等，每周计划分析是指从横向和纵向的角度对销售产品进行对比分析，以及时了解直营店铺的销售和库存情况，提前做好补货准备，销售中期补货针对的是在产品销售过程中，根据当前的销存状况、以销定存，由店长自行调配。对于节假日等销售旺季，店长就需要及时跟踪产品的存货情况，在预计货源不足的情况下及时沟通，保证及时供货。

对于直营店铺的销售，还需要店长每周进行调拨分析，流程包括：发现调拨处理的需要——拟定调拨通知——反馈直营督导——进度落实跟进。首先对于是否需要调拨，店长可结合不同时期货品的运作思路，与不同店铺的销售进行对比，以制定相应的调拨方案，尤其是在新品上市时、产品断色断码时，就需要采取不同的调拨方案，比如集中调拨销售、部分款式退仓处理等，以满足店铺的销售需求。

直营店的销售一不需要货款，二无退货限制，鉴于直营店的这一特殊性，店铺在组织货品时就需要借助库存合理化分析，从整体上监督和调整直营店的销存比，同时还要结合公司的货品运作思路，保证实现销售结构和库存结构的一致性。首选店铺对总量的控制要维持在 3.5 到 7 天的日均销售，而对单品的控制要保证在满足销售的前提下减少囤货量，实现商品的高效流通，最后合理化的结构搭配是实现店铺良性运转的重要因素。

及时有效的信息传递对直营店铺来说也是尤为重要，这里的信息主要包括公司的库存结构、单款货品信息、后期货源跟踪情况、货品的推广、主推情况等，及时整理并跟踪产品的相关情况，保持与直营督导、直营店长及产品陈列师的沟通，保证货品信息传递的顺畅性。

第三，店铺管理。

店铺管理从内容上来看，主要包括人事管理、货品管理及顾客管理三大类。

首先，人事管理，对于直营店，稳定的人员及妥当的工作安排是影响店铺形象、影响产品销售的关键，那么如何减少人员流失、提高专卖店员工的工作效率，实现高效的人员运转，就需要公司通过人事管理来实现这一目标。

其次，货品管理，主要包括次品、退换货处理及物流运输等方面。对于直营店铺来说，高质量、高颜值的货品是吸引顾客的首要因素，尽可能地通过严抓货品管理来减少次货发生的概率，以提高顾客对店铺的形象，进而产生消费的欲望，达到销售的目的。

最后，顾客管理：从消费心理来说，从众性是顾客消费的一大心理特征，抓住顾客的从众心理，以引导消费者产生好奇心，进而实现产品销售。

2）超市营销模式。这一营销模式实现了多种生活用品的集中销售，为消费者提供了极大的便利，满足了消费者的日常生活需要。所谓体育用品超市，是指采用自选，并可以进行体验或试验，集中了各类体育用品的大型体育用品专卖商场和一般超市的体育用品专卖部。

与其他业态相比，体育用品超级市场的经营特征主要表现在：体育用品构成通常是以运动服装和个人体育用品等常用体育消费品为主；实行顾客自我服务和一次集中结算的售货方式；薄利多销，商品周转速度快；商品明码标价，并在包装上注明商品的质量和重量；实行商品经营管理制度，按部门陈列商品；一般周边设有停车场。超级市场的优势由于批量采购，敞开式售货，自助挑选，低价销售，因此对消费者有较大的吸引力。

3）连锁营销模式。连锁营销是指在集团公司或总公司的统一经营方针指导下，各连锁店分散经营的一种经营模式。连锁营销通常有正规连锁、特许连锁、自由连锁营销三种形式。

第一，正规连锁，亦称为联号商店、公司连锁、直营连锁、所有权连锁。国际连锁店协会将其定义为：以单一资本直接经营 11 个以上的零售业。

正规连锁的特征：所有权与经营权相统一，各个分店由总公司或总部集中领导，统一管理。其上层组织形式有两种：一种是由母公司直接管理，不另设总部；另一种是设立总部，由总部管理连锁店。

第二，契约连锁店，顾名思义就是通过签订契约的形式，对体育用品进行零售，这种经营方式也称为特许连锁。

特许连锁店，由盟主与加盟成员共同组成，一个特许连锁店是在一个盟主的管理与规定下运行，虽然各加盟店具有独立的财产与法律地位，但是盟主与加盟店以特许合同为纽带，没有管理上的自主权。

第三，自由连锁，是指一批所有权独立的商店自愿归属于一个采购联营组织和一个管理中心领导，管理中心负责提供货源、提供推销计划、账目处理等。

自由连锁的特征：成员店的所有权、经营权是独立的；成员店实行单独核算，成员在保持自身独立性的前提下，通过协商自愿组合起来，共同合作，统一进货，统一管理，联合行动；以批发企业为主导，设立总部；共同分享合理化经营利益。

4）品牌授权营销模式。

品牌授权是授权商与被授权商之间采取的最普遍的合作方式，品牌授权的方式多种多样，具体包括商品授权和促销授权等，合作双方可根据自身情况做出选择。商品授权：被授权商可以运用授权品牌的商标、人物及造型图案在体育用品的设计开发上，并取得销售权。

促销授权：授权商和被授权商可以就授权品牌的商标、人物及造型图案签订授权协议，允许被授权商使用，被授权商可借助此来开展促销活动，并通过一定的主题广告来达到促销商品的目的，此外，被授权商还可以在促销活动中附带相应的赠品，通过多种方式销售公司的产品，实现盈利。

主题授权：被授权商可借助授权品牌的形象标志，包括商标、人物等，规划主题活动，制定主题项目等。

通路授权：授权商与被授权商统一在连锁专卖店中销售该品牌的体育用品。

除此之外，还有很多不同特点的授权方式，授权商和被授权商可通过商品的不同特色签订适合的授权协议，对于被授权商而言，就是借助授权商的品牌优势和品牌知名度来打造自身的品牌，以使自身产品更快地进入市场并被消费者所接受，授权品牌良好的品牌形象、较高的市场认可度、新颖的经营理念会极大地推动被授权企业及产品的发展，被授权商可通过此渠道实现快速的市场融入。

为什么要选择品牌授权，品牌授权能给被授权企业带来什么样的发展，这是品牌授权的关键问题，同时也是选择授权商的决定性因素之一。获取品牌授权，被授权商不仅可以在短时间内被市场认知，同时其产品也会因授权品牌的光环效应而更易被消费者所接纳，除此之外，还有以下三方面的优势：首先，企业作为市场主体，最重要的是获取利润，这是维持企业的关键，同时也是每个企业家所追求的目标，而获得品牌授权，对于同样的产品，被授权商就可以以更高的价格出售，进而获得较高的利润，同时销量也会因为品牌的加持而直线上升；其次，被授权商也会因为授权商的持续品牌推广而获利，对于授权商而言，为了维持品牌效应，就需要持续地通过广告推广来维持知名度，那么被授权商也会在推广活动中直接得益；最后，借助授权品牌的加持，被授权商的分销渠道也会迅速拓宽，进而获得更多的消费者。

第三节　体育广告的经营管理

体育广告是体育产业的重要组成部分，体育部门面向市场、走产业化发展道路，在所开展的体育经营活动中，有许多是和体育广告经营活动有关的。

一、体育广告的特点与功能

(一) 体育广告的特点

对于一般广告而言，受众、内容、媒体和目的是基本要素，作为体育广告，也不外乎上述四个要素，但是对于体育广告而言，其与一般广告最大的差别主要体现在宣传媒体上，如体育馆场、体育活动、体育项目等可作为体育广告的媒体，此外在举办体育比赛期间，印制的宣传册、纪念册等也可作为体育广告的媒体形式。

(二) 体育广告的功能

体育广告的功能一般可归纳为以下几个方面：

（1）传递信息，沟通产需。体育广告的首要功能与作用，就是通过体育媒体把产品或劳务的信息传递给可能的消费者（包括现实的和潜在的消费者），即将产品的生产者与消费者（或用户）联系起来。体育作为一种独特的宣传载体，更侧重表现生活娱乐和健康等方面，在促进生产者和消费者之间的沟通上具有很好的桥梁作用。

（2）介绍知识，指导消费。消费者在购买某些体育产品后，对产品的性能和结构都比较陌生，不太会使用，特别是对产品的维修和保养，消费者更是一窍不通，因此就需要借助公共媒介等手段来为消费者介绍产品的相关知识，以使消费者更好地了解和使用产品，提高产品的使用寿命。

（3）激发需求，增加销售。体育广告作为宣传产品的媒介，其作用就是通过介绍产品来激发消费者的购买欲望，通过对产品特色的描述，将潜在的消费者转化为实际的消费者，以此来扩大产品销量，提高销售率。

（4）树立企业形象，扩大产品知名度。许多企业、许多产品、许多品牌原来并不为人们所认识，通过体育广告的宣传作用或由体育明星做广告来吸引受众的注意力，使之更具有说服力，从而会成为家喻户晓的著名品牌。不少企业及其产品正是因此而被消费者所熟知。

（5）促进体育事业发展。近年来，体育事业的发展更加商业化、社会化，这是体育事业发展的国际趋势，那么怎样实现高效的产业化发展，就需要充分发挥体育广告的作用，以市场为导向，通过自身的造血功能实现良性发展，通过吸纳社会广告、开展运动竞赛的方式来解决经费不足的困境，同时随着体育事业的不断商业化，运动员的收入也随之增加。运动员广告收入与自己的社会形象、运动技术水平有直接关系，从而促使其不断提高自身的综合素质，继而促进体育竞赛的竞技性和可观赏性进一步的提升。

二、体育广告的优势与分类

（一）体育广告的优势

现代社会主要以电视、广播、网络等为宣传媒体，这些媒体都有自身的优缺点，不同媒介特点和优势有着明显的区别。而体育媒体作为新型的媒体宣传方式，其有着传统媒体无法比拟的功能：

（1）受众多，广告传送面广。对于一场体育竞赛而言，受众群体能达到上千万，特别是在国际体育竞赛中，加上电视观众更是能达到上亿人，受众群体之多是传统媒体无法实现的。利用体育媒体做广告，其广告信息传递面非常广。

（2）效果自然，易为人们所接受。在现代社会，人们每天所能看到的广告类型多之又多，对于纷乱的广告营销，人们不仅会对此产生疲劳感，甚至会产生厌恶情绪，这对产品的推广毫无意义，而体育广告则不同，其可以是在场内的广告牌上，也可以在运动员的服装上，这样的效果就会更加的自然，不会让观众感受到是刻意宣传，也就更容易接受该产品。

（3）时间长，一次投资多次受益。不同于电视广告短暂的呈现时间，体育比赛中的广告曝光时间能达到数十分钟，那么相比电视广告的几分几秒，长时间的广告曝光率更能使观众留下深刻的印象，因此体育广告能为投资者带来更多的收益。

（二）体育广告的分类

按照不同的广告形式和不同的媒介，可以把体育广告分为以下类型：

（1）冠名广告。冠名广告是体育广告最主要的形式，即给各种体育活动、运动队、体育俱乐部等冠以企业或产品的名称。还有一种在奖杯上冠名，羽毛球比赛和网球比赛中多见这种形式。

（2）场地广告。这是体育广告最常见的方式，利用体育场所、各类体育比赛或其他体育活动的机会，在活动场地周围设立牌广告、横幅广告、赛场地面广告等。

（3）印刷品广告。在一场体育赛事中，需要印制大量的入场券、秩序册、宣传画、信纸、信封等，那么就可以以此为媒介，将企业的宣传资料印制在适当的位置，达到宣传的效果。

（4）路牌广告。路牌广告是针对赛场外围而言，在赛场馆周围选择合适的建筑物或搭建临时路牌，以投放广告，以此增加曝光度。

（5）排他性广告。这是在体育比赛活动中，体育组织选择某一类别的产品作为指定产品，这些产品可以是饮料、用品，也可以是标志性的产品等。

（6）明星广告。选择一些影响力较大的明星作为形象代言人，通过明星效应来带动产品的销售。

（7）实物广告。在体育赛事中，运动服装、纪念品、礼品等实物可作为媒介，将企业名称或商标名称印制在上面。

（8）奖券（奖品）广告。在开展体育比赛时，为烘托比赛氛围，可通过发行彩票、设定抽奖门票等来激发观众的热情，通过此类奖券广告来实现产品的推广。

除上所述几类体育广告外，还有宣传体育活动的画册、纪念册、明信片、信纸、信封等物品上的印刷广告，记分牌广告、滑翔机广告、啦啦队广告、指示牌广告、背景台活动广告，等等。

第五章　体育产业管理体系及其协同创新

体育产业是国民经济的重要组成部分，它和其他产业之间具有一定的联系和共同性，都是以追求市场效益和经济效益为目标，不过也有一些特征是其他产业所不具备的。因此加强体育产业质量和效益的提升，加强体育产业的快速稳健发展也成为体育行业的发展目标。本章重点研究体育产业管理的价值链构建、体育产业管理体制改革的目标与构想、体育产业管理的协同创新探析。

第一节　体育产业管理的价值链构建

一、体育产业管理价值链相关概念的界定

（1）体育产业：将体育产品和服务提供给社会公众，以及所有和体育有关的活动和产业都可以统称为体育产业。

体育科学学会以体育产业的定义为依据将体育活动分为了以下几类：一是体育组织管理活动，二是体育场馆管理活动，三是体育健身休闲活动，四是体育中介活动，五是其他体育活动，六是体育用品、服装、鞋帽和相关体育产品制造、销售等活动，七是体育场馆建筑活动。

从以上分类可以看出，我国的体育产业体系包括了体育用品业、体育健身休闲业、体育竞赛表演业、体育培训业、体育中介业、体育咨询业以及体育建筑业等几个部分。

（2）体育产业管理：即具有管理职能的政府部门或者是指体育企业管理组织和机构，他们主要是负责计划、组织、领导和控制体育产业的各个活动等。

（3）体育产业管理价值链：通俗讲，就是具有相关管理职能的政府和组织、机构在对体育产业活动进行计划、组织、领导以及控制过程中所产生的各项经济效益而形成的价值循环系统。"体育产业价值链上的不同组织承担着不同职能创造出不同的价值。产业的上下游之间多重组织和个人交叉联络形成一定的网络拓扑，构成了体育产业价值链"。[①]

三、体育产业管理价值链的选择与构建方法

（一）体育产业管理垂直价值链的内容选择与构建

任何一个制造类企业，价值链都是从原材料投入开始，到生产出最终产品并完成销售为终点。体育产业价值链也是如此。

国内的体育产业又包括了很多的子产业，从国内体育产业分类来看，其从不同的产品性质进行更为详细的划分，像将体育场馆管理活动分为了两类：一是体育场馆运营业；二是体育场馆租赁业等。通过细分体育产业，促进了体育垂直价值链条的构建。

根据体育产业的位置不同，可以将体育产业划分为三类：一是上游产业企业、二是中游产业企业、三是下游产业企业，它主要是提供相关的产业来服务

---

① 鲍九枝 . 体育产业价值链整合及其策略探究 [J]. 中国商论，2015(16)：146.

于上游企业和中游企业，若没有这些产业，也不会对上游企业产生什么必然的影响。虽然这一分类类型有很大的不同，却也能够较为全面详细地将国内的体育产业的相关行业都函括进来。国内的体育产业垂直价值链就包括了上游产业企业、中游产业企业以及下游产业企业。

国内体育场馆管理活动的细分子类主要是根据体育产业而形成。主要由各类体育馆、体育训练场馆、体育比赛场馆、球类场馆、棋类场馆以及运动场等组成。以国内体育产业运营的角度来看，这一类型就好比是投入性活动环节。

国内体育健身休闲活动也包括很多细分产业，主要是由各种各样的保龄球馆、高尔夫球场、游泳馆、极限运动场所以及健身会所等组成。以国内体育产业运营的角度来看，这一类型就好比是产出性活动环节。

国内体育中介服务活动主要是提供体育商务服务、体育竞技咨询服务等各种服务。像体育票务代售、体育商务活动筹备、策划和组织等都属于这一类型。以国内体育产业运营的角度来看，这一类型就好比是服务活动环节。

国内体育用品、服装、鞋帽和相关体育产品的制造管理活动主要是针对体育用品制造的管理行业，以国内体育产业运营的角度来看，这一类型就好比生产性活动环节。

国内体育用品、服装、鞋帽和相关体育产品的销售管理活动主要是负责产品的销售，以国内体育产业运营的角度来看，这一类型就好比市场和销售活动环节。

国内体育产业特殊化的一个环节就是体育场馆的建筑，体育场馆的建筑是展开体育产业活动的基础和前提，不管是何种形式的体育活动，都必然需要活动场所和设施等。体育场馆建筑活动主要包括了建造训练用体育馆、观赏用体育馆以及参与性体育场馆等。以国内体育产业的运营角度来看，这一类型就好比是支持性基础设施性活动环节。

此外，国内的体育产业还包括了各种体育服务活动如体育科学实验、体育研究服务等。这一类型的体育产业和各种科技和技术的支持性环节比较类似。

体育组织管理活动主要由体育社会事务管理机构、运动队、体育俱乐部、群众性体育组织、体育专家和成员的组织和管理活动等组成。这一类型的体育产业和人力资源和文化管理活动环节比较类似。

以上体育产业运营的价值和效益也是企业价值链上不可或缺的部分，用户对国内体育产业的满意度和价值认可度都是由此而决定。

尽管国内体育产业的管理活动并非完全满足体育产业价值创造和增值定位的要求，但是其也能让国内体育产业管理的垂直价值链的构建更为有效和稳健。

优化国内体育产业管理垂直价值链将有利于经济效益和价值的提升。分析和评价整个体育产业价值链后可以得知，发展国内体育服务业将是一条切实可行的道路。

体育产业组织在国内体育产业价值增值创造中履行人力资源和文化管理活动的职责；而支持性活动任务的履行则由其他体育服务部门完成；体育场馆的建筑为体育活动的开展提供了场地和基础设施；投入型活动任务是由体育场馆管理完成；体育健身休闲管理是一种产出性活动；服务性活动任务由体育中介服务管理来履行；生产性活动任务是由体育用品、服装、鞋帽和相关体育产品制造管理完成；市场和销售活动由相关的销售管理负责。由此也证明，体育产业管理价值链是符合基本价值链原理而形成，将国内的体育产业当成企业来对待，垂直地联系上、中、下游产业管理，为国内体育产业管理垂直价值链的形成提供条件和优势。

(二) 体育产业管理水平价值链的内容选择与构建

产业和产业之间是相关联的，某个产业的产出是另一个产业的投入，另一个产业的投入恰恰是某个产业的产出，为此一个产业集群就是由这些相互产出和投入的企业构成的。国内体育产业具有一定的特殊性，它是由生产物质产品的制造产业和提供服务类的产业所组成。

例如，我国体育用品制造业，可以划归为制造业的门类；而我国体育赛事产业可以划归到第三产业的门类。我国体育产业某个细分产业和与之相关的制造类企业、酒店服务业、旅游服务业、交通运输服务业存在着投入产出的关联性。该产业某种程度上带动其周边相关产业的发展。我国的体育产业与这些产业的关联更为明显。所以生产性企业由体育产业组成，而与之相关的企业看成是相关产业，这样能够体现出体育产业的价值增值和价值来源等。根据企业的集群关联性来排序这些管理，将场所和基础设施的提供者确定为周边建筑业，尤其是和体育产业细分关系密切的场馆建筑业和生产厂房建筑业等。而体育产业细分产业发展的必要性投入可以由周边金融产业来完成，尤其是能够提供融资服务的产业。

我国体育产业细分产业，可以是提供体育有形产品，诸如运动鞋、运动装备；也可以是提供体育无形产品，诸如健身教练服务、赛事观赏服务等，我们可以把它作为这个区域内主要的产业集中点。

相关旅游业，因为体育产业细分产业存在而带动了和该产业相关的旅游行业的兴起和发展。其前期主要是作为我国体育产业细分产业发展的一个结果，因为该区域体育产业的发展而带动兴起，后期可能也进一步的推动和反哺了当地体育产业的发展。相关批发零售业，主要是针对体育有形物质产品的销售，受产业性质的影响，制造产品的目的就是通过市场流通来产生经济效益和价值。而销售体育无形产品也同样有生产和销售过程，一般两者是不可分割、息息相关的关系，不过一些体育健身俱乐部则是销售在前，服务在后。而体育中介产业的诞生，也催生了体育服务营销产业的发展。

周边酒店业，我国体育产业细分产业的发展带动了周边酒店业的发展，无论是供应商还是销售商以及需要体育产业服务的产业组织都间接带动了当地体育产业的发展，其他诸如为体育旅游业和体育赛事服务的相关酒店业，在服务体育产业的发展时也反哺体育产业的发展。

相关通讯业，那些利用各种媒介（报纸、电视、网络等）等对体育产业的宣传、造势等。周边科研单位，诸如区域内的高校、科研研究所等。

相关交通运输业，包括将体育有形产品原料运入、将体育有形产品运出等和为整个地区相关产业提供服务的产业提供交通运输方便的企业。

当然，产业链的价值创造和价值增值活动也和其他产业分不开。依据价值链基本原理，这也是国内体育产业管理水平价值链的重要组成部分。

将我国体育产业或者体育产业的细分产业管理作为区域内的生产性活动，其他与之相关的产业或者企业则发挥其作用一方面为体育产业创造价值，另一方面为自己创造价值。周边建筑业和周边金融产业完成的是我国体育产业水平价值链的投入性活动任务；我国体育产业本身完成的是生产性活动任务；相关旅游业和周边酒店业等完成的是产出性活动的任务；相关批发零售业及体育服务营销完成的是体育产业管理水平价值链的销售和市场活动任务。科研单位、相关通讯业、相关交通运输业及其他相关产业既完成我国体育产业管理水平价值链的服务性活动任务，也可提供一大部分的辅助活动任务。

在我国体育产业水平的产业关联管理中，将我国体育产业管理、相关金融业管理、周边建筑业管理、周边旅游业管理、相关批发零售业管理、周边酒店业管理、相关通讯业管理、相关交通运输业管理以及其他相关产业管理作为我国体育产业价值增值过程的体现方式，作为价值链构建的内容和主体，可构建一条我国体育产业管理的水平价值链。

（三）体育产业管理虚拟价值链的内容选择与构建

传统的价值链环节以产品或者服务作为价值增值的媒介。其考虑的多数是有形的企业创造价值。随着电子商务和互联网产业的发展，信息技术高速发展，企业以及产业基于互联网技术开展的商务活动增加，信息成为重要的战略资源，并成为企业以及产业发展开拓竞争优势和增强核心竞争力的重要参考因素。

传统价值链是基于物质资源的价值创造活动，与之相比，虚拟价值链是基于信息资源的价值创造活动。因此，虚拟价值链对土地、资本、劳动等生产要素的依赖大大降低，因而其在价值创造中成本降低。企业和产业可以对信息进行多种层次的深加工，在价值链的各个活动环节为生产者或者消费者提供信息资源，与传统价值链相比无比灵活。由于信息资源本身的特性及加工过程的不同，企业以及产业的虚拟价值链是独一无二的。

我国体育产业管理的投入、生产、产出以及我国体育产业管理组织开展的营销和在线服务，其信息的加工是有中国特色且独一无二的，我国体育产业管理的领导和体育产业管理的控制，都在网络媒介上以信息的方式体现出来。

国内体育产业管理虚拟价值链将体育产业管理看成是一个模型。同时在这一虚拟价值链上，结合了产业管理垂直价值链和水平价值链，对信息资源的整理和加工也是从横向和纵向两个方面入手，从而将国内体育产业价值链管理的本质予以体现和反映。国内体育产业管理的信息资源的增值也可以依托互联网技术予以实现。像体育产业的网上供应管理、虚拟产出管理、网络营销管理、线上服务管理、网络技术支持管理以及人力资本信息系统管理等各个环节都离不开互联网技术的支持。

国内体育产业网上供应管理主要负责虚拟价值链的投入性活动职责。生产性活动任务由虚拟生产管理完成；产出性活动任务由产出管理完成；营销性活动任务由营销管理负责；服务型活动任务由线上服务管理完成；辅助活动任务则由其他管理来实现。

分析和研究国内体育产业生产的无形产品和人才价值链的基本活动应该根据产品、服务和人才研究开发、培育以及营销管理出发，最后都将落到产业信息资源的管理上。

虚拟体育产业价值链包括了水平和垂直两个方向，与前面提到的价值链有所不同，这一价值链的信息流是流动的，展现的是国内体育产业信息资源加工和整理的过程。

国内体育产业管理的虚拟价值链包括了相关体育产业管理信息资源的投入、生产、产出、营销以及服务等，同时还包括了相关的信息平台、技术支持、人才资本培育等各种活动。随着国内互联网和电子商务的不断发展和完善，国内的体育产业管理也越来越信息化，其虚拟价值链和信息技术平台、技术、人力资本培育等方面的关联也越来越密切。

第二节　体育产业管理的协同创新探析

一、体育产业管理协同创新的内涵

在财政部和教育部联合颁布出"高等学校创新能力提升计划"后，协同创新这一词语在体育产业中开始被广泛使用，本意是为了充分释放人才、技术、资本、信息等创新活力要素，让高校与其他创新主体间存在的壁垒能够被突破，让高校与高校、地方政府、行业企业、科研院所以及一些国外科研机构的合作能够深层地推进，从而保证探索处理的协同创新模式在任何需求下都可以适应，让协同创新在良好的氛围和环境中发展下去。

体育产业管理协同创新简单来说就是体育产业管理者们在协作合作的情况下，让协同创新的模式融入管理体制机制当中，让管理体制机制可以突破当前的状态，让不同的管理对象和管理办法在协同创新的模式下可以有机地整合和创新，产业管理研究与应用协同的创新都是由体育产业协同和融合发展所引起的。不管是体育产业的管理理论的发展还是体育产业的实践应用，协同创新都对它们产生了非常大的影响，从而让体育产业管理在良好的环境下获得效益和质量上的提升，这样，我国的体育产业才会发展得更快更稳，体育行业的可持续发展可以早日实现。

（一）管理主体协同创新

在协同创新方面，体育产业管理主体分为三个层次：

第一层次，体育产业管理的主体是单一的，它的协同创新指的是管理的主体把自己以往的经验和管理和其他主体以往的经验和管理进行整合，让体育产业管理的知识实现协同创新模式，得到新的发展。例如再造企业管理流程、总结政府治理经验，就整合体育产业经理知识也包括在内。体育产业在发展过程中要满足高度竞争的需求，体育产业经理需要对体育营销知识、体育管理、行政管理、伦理道德、体育财政等都十分熟悉，并且在日常的管理中能把这些知识应用到管理中，还能适当地进行创新，如此这样才能使体育产业经理知识层面实现有效地整合。

第二层次，体育产业管理的主体是多个不同的体育管理者。这些主体可以是企业、可以是行业协会，也可以是政府，体育设计的部门或行业因体育产业近几年的蓬勃发展而不断开始扩展，管理主体之间也开始了更大范围、更深层次的交往，不论是协会与协会之间、行业主管部门与地方政府之间、企业与企业之间，还是协会、政府、企业三者之间，整个体育行业的发展氛围和环境都是由管理行为的协同创新而决定。

第三层次，在体育产业管理上，国内外高校、科研机构与政府、企业和行业协会形成的协同创新。在协同创新的过程中，体育产业管理的重要源泉是科研机构与高校，协同创新的重要内容则是确定体育管理行为实施者以及实施者与研究者之间的整合与协作。

（二）管理体制机制的协同创新

要想体育产业在运行中能够良性地发展，那么管理体制机制就是发展的重要保障，因此在体育产业管理协同创新的过程中，设计的管理体制机制要与协同创新能够互相适应，这样才能保证体育产业实现良性的运营。设计体育产业管理体制机制时，要鼓励与支持科研机构、高校、行业协会、企业、政府之间所产生的协同合作，如此，管理方式才能得到创新发展，体育产业管理的效益与质量也会有所提高。可以参考"一臂间隔"的管理体制对体育管理体制进行研究，这样监督机制就由行业管理机构、政府、非政府组织管理机构三方组成，监督的过程中也可以体现互相制衡的作用，这样全民健身财政在投入时的合理性就会从根本上得到保障，同时社会融资的积极性也可以更好地激发出来。

(三) 管理对象的融合

产业融合现象的代表是产业交叉和产业渗透，这两种现象在体育产业领域出现的频率越来越高，如今，体育产业要想发展就只能进行产业融合，产业融合的实现可以让体育产业形成新的增长点。体育产业造融合的过程有内外之分，详细说明如下：

外部融合则指的是与体育产业相关的交通、旅游、传媒等行业与体育产业交叉与融合。

二、体育产业管理协同创新的机制

(一) 产业协同创新机制

产业协同创新是一个新型的产业领域，主要形成的原因是体育产业与相关产业之间出现了互动与交叉。而且在体育产业管理协同创新中产业协同创新常常被当成最重要动力。如交通、旅游、传媒等行业与体育产业的协同创新。在协同创新过程中，产业形式是有区别的，具体体现为：合作并不局限于体育产业企业与体育产业企业，也可以是其他产业企业；新兴业务形态可以在体育产业企业或者其他行业企业的原有基础上进行创建；主要业务企业的创立以新兴业务形态为主等。

在运行机制上，产业协同创新分为以下四类：

（1）附加功能的创造。新服务、新产品以及新兴业态是在产业协同创新的条件下创造的，也正是因为如此，一些附加功能也在体育和相关产业的发展下得到了创造，企业盈利业务领域也得到了扩展，同时为体育产业和相关产业创造了更多经济效益实现的可能。

（2）技术创新得到推动。产业协同创新，在先进技术领域里面，体育产业与相关产业开始相互应用、相互借鉴，让原有技术的创新与发展都得到了推动，间接地让体育与相关产业的竞争力得到了提升，如在体育产业中高新技术的应用。

（3）产业经济效率提升。在协同创新的过程中，只有创新能力强的体育产业与相关产业得到了快速发展，创新能力弱的部分竞争力就会渐弱，有的甚至被直接淘汰，这样一来，整体的产业经济效率得到了提升。

（4）基础设施和服务实现共享。体育与相关产业在产业协同创新的作用下，让彼此的基础设施和服务共享，让资源的利用效率和信息的传输速度都得到了提高，这样产业的发展不仅得到了促进，社会帕累托最优状态也可以得到实现。

（二）内部协同创新机制

内部协同创新机制协同的是体育产业内部所有的子行业，是指调整和优化体育产业内部结构，是协同创新的过程中体育产业管理的根本保障。体育内部产业可以划分为很多种类，如体育用品制造与销售、体育中介、体育健身休闲、体育场馆管理、体育组织管理、体育培训、体育场馆建筑等。体育产业内部协同创新简单来说就是为体育产业内部所有的子行业形成有机的系统,大家相互促进,进行良性互动,让体育产业的竞争力得到快速提升。需要强调的是,体育组织管理、体育健身休闲和体育场馆管理在整个过程中为主导产业,可以与其他产业互动,形成积极的互动关系。

内部协同创新的主要目的是让体育产业内部各子行业之间的关联度提高,有效地相互促进发展,让整个内部子行业凝聚起来,从而成为完整的有机系统,以体育组织管理、健身休闲为主导,让体育产业特质得到凸显,从而引领行业快速发展;各个子行业之间的高效互动以体育中介为媒介进行促进;其他的子行业作为发展过程中的依托部分,上述机制可以让体育产业发展的合力在较短的时间内迅速地形成。

产业内部协同创新的外在的主要体现是:产品质量提升、内部竞争合理、体育产品结构优化。

(1)产业结构优化机制。在内部协同创新的作用下,体育产业的产业结构得到合理化的促进,各子行业间的关联程度提升,都朝协调化的方向发展;除此之外,体育产业的结构也得到了高度化的促进,体育产业作为第三产业服务性行业的一部分,在第三产业中的所占比例也得到了提升。

(2)内容竞争合理化机制。不同子行业在内部协同创新的影响下成熟程度得到了提升,让不同领域的企业都可以快速地获取便利的服务和资源,企业之间的竞争加剧。除此之外,各类不同企业之间的系统性使得企业之间的合作有了进一步深化,进而竞争越来越合理化、公平化。

(3)产品质量提升机制。产品的质量要想提高,就必须要使产品的供给结构、技术含量和服务水平得到提升,让内部所有子行业在协同创新的过程中提高协调性,保障各个子行业之间信息、资源、人才都可以有序地流动。

（三）管理协同创新机制

管理协同创新是协调体育产业管理的各部门、创新手段以及管理与整合体制，是体育产业要想实现良性发展的基础环境。体育产业管理部门分政府管理部门和社会管理部门，政府管理部门包括体育、税务、工商等政府管理部门，除此之外，还包括体育产业协会、体育用品联合会、运动项目管理中心等社会管理部门，所以体育产业管理部门一点都不简单，是极其复杂的。体育产业要想在良好的环境条件下发展，那么就应该在协同创新管理机制中，要做到权责清晰、服务全面、运转流畅、监管到位等。

管理协同创新蕴含的机制包括运行机制和改革创新作用机制以及体育产业管理体制，具体如下：

（1）政府相关部门必须服从经济市场的基本规律，在体育产业管理的宏观调控时，政府部门也必须得履行自己的职能，让企业得到法律的保护和政策的支持，让企业的品牌影响力和知识产权得到保护，让市场的竞争环境变得更加公平。

（2）行业协会中最主要的是运动项目协会，它可以为体育产业企业提供的服务有政策咨询、行业信息等，在整个行业中自律性最佳，具体表现为：对行业行为进行规范和为企业争取相关权益，帮助企业快速发展。

（3）体育产业运行的主体是企业，企业主要用来发挥主导价值与作用。经济效益与社会效益的提高，需要靠服务质量和产品质量的提升来实现。

结束语

在国际竞争日益激烈的今天，我国能不能从体育大国发展成为体育强国，主要就看我国的体育能不能实现高质量化的发展，这不仅是基本要求，也是未来需要实现的目标。体育产业发展任重道远，虽然有些部分已经发展得比较快速，但是需要努力、提升的地方还有很多很多，未来体育产业的发展中，肯定会不断遇到这样那样的问题，但是只要不忘初心，砥砺前行，一定可以化解所有问题，一定会在体育的道路上越走越稳，越走越快，待时机成熟之后，体育产业也会成为支柱产业，我国将不再是体育大国，将会以体育强国的形象站在国际舞台上，伟岸挺拔，光芒万丈。

参考文献

一、著作类

[1] 曹亚东.体育产业经营管理 [M].西安：西安交通大学出版社，2014.

[2] 樊晓东，杨明，苏红鹏.学校体育文化建设 [M].武汉：武汉大学出版社，2016.

[3] 韩坤.中国竞技体育崛起研究 [M].杭州：浙江大学出版社，2011.

[4] 李静文.休闲体育产业与经营管理 [M].北京：新华出版社，2017.

[5] 张春志.我国体育产业发展的理论与实践研究 [M].北京：新华出版社，2015.

[6] 张高华.休闲体育发展与体育产业结构调整研究 [M].北京：中国农业出版社，2018.

二、期刊类

[1] 鲍九枝.体育产业价值链整合及其策略探究 [J].中国商论，2015(16)：146.

[2] 陈钢.新时代我国体育产业发展现状与推进路径 [J].体育文化导刊，2019(6)：76-81.

[3] 陈洪平.地方政府间体育产业发展竞争：积极价值与负向效应 [J].武汉体育学院学报，2020，54(8)：28-35.

[4] 陈俊萌.我国体育产业管理价值链构建研究 [D].长春：吉林大学，2014：18-31.

[5] 丛日旻，贺苗.科学发展观视角下的高校体育产业发展研究 [J].生产力研究，2009(15)：132-134.

[6] 崔曼峰，葛新军.论中国体育产业与竞技体育协调发展之路 [J].广州体育学院学报，2011，31(02)：1-4.

[7] 党岳雷.体育产业管理发展趋势的协同创新研究 [J].经济研究导刊，2017(16)：35.

[8] 邓文才.体验经济时代的来临与体育产业发展的方向 [J].中国体育科技，2004，40(5)：18-20.

[9] 冯蕴中，宋琰，张志刚.我国体育产业发展战略研究 [J].体育与科学，2004，25(1)：30-34.

[10] 韩朝阳，杨苓，李拓键.我国体育产业数字化转型的现实需求与实现路径 [J].湖北体育科技，2022，41(01)：6-10+40.

[11] 韩政.我国海洋体育产业发展对策 [J].社会科学家，2016(11)：75-78.

[12] 黄海燕.新阶段、新形势：我国体育产业发展战略前瞻 [J].上海体育学院学报，2022，46(1)：20-31，51.

[13] 季城，谢新涛.后疫情时代我国体育产业发展态势及策略 [J].体育文化导刊，2020(12)：84-91.

[14] 姜同仁，郭振，王松，等.中国体育产业发展回顾与"十四五"前景展望 [J].天津体育学院学报，2022，37(1)：51-59.

[15] 姜同仁，夏茂森.新常态下中国体育产业发展与趋势预测研究 [J].武

汉体育学院学报，2015，49（5）：47-55.

[16] 景怀国，张成云.论我国体育产业发展中的资本运作 [J].体育文化导刊，2013（8）：82-85.

[17] 李辰云.上海市体育产业发展模式分析 [J].运动，2017（01）：129-130.

[18] 李晨.对休闲体育产业发展的有关分析 [J].中国商论，2019（16）：223-224.

[19] 李显国，黄山.近代我国体育广告发展研究 [J].体育文化导刊，2011（08）：133-136.

[20] 刘涛，刘亮.我国体育产业发展趋势研究 [J].体育文化导刊，2013（1）：78-80.

[21] 刘尹，敬龙军，陈秀宇.我国体育产业数字化转型的机遇、挑战与对策 [J].体育科技文献通报，2022，30(01)：197.

[22] 罗宇昕，李书娟，沈克印，刘璐.数字经济引领体育产业高质量发展的多维价值及推进方略 [J].西安体育学院学报，2022，39（01）：64-72.

[23] 闵健，卢锋，许传宝.体育产业市场经营环境分析的方法论 [J].成都体育学院学报，2003（02）：6-10.

[24] 钱杰，汪元榜.城市现代化、体育产业化与安徽省体育产业发展 [J].北京体育大学学报，2006，29(9)：1171-1173.

[25] 任波，黄海燕.中国数字经济与体育产业融合的动力、机制与模式 [J].体育学研究，2020，34(05)：55-66.

[26] 任波.数字经济时代中国体育产业数字化转型：动力、逻辑、问题与

策略 [J]. 天津体育学院学报，2021，36(04)：449.

[27] 孙光，毕道远. 论"民生改善"作为我国体育产业发展的基本利基 [J]. 体育与科学，2012，33(4)：42-44.

[28] 王春雨. 河北省休闲体育产业发展研究 [J]. 中国商贸，2010(8)：221-222.

[29] 王建永. 基于共享经济视角的区域体育产业发展分析 [J]. 中国商论，2019(24)：210-211.

[30] 王晓微，陈俊萌. 论加强中国体育产业发展战略研究的必要性 [J]. 体育学刊，2014(1)：49-52.

[31] 王晓微. 中国体育产业管理体制改革研究 [D]. 长春：吉林大学，2014：75- 100.

[32] 韦淼. 体育经济政策视角下体育产业发展研究 [J]. 经济师，2021(12)：250-251+254.

[33] 温宇蓉. 休闲体育产业化发展路径研究 [J]. 辽宁经济职业技术学院. 辽宁经济管理干部学院学报，2020(06)：11-13.

[34] 徐忠. 我国体育产业发展的回顾与难点分析 [J]. 成都体育学院学报，2001，27(3)：18-21.

[35] 闫成栋. 论职业体育俱乐部之间的竞争平衡 [J]. 武汉体育学院学报，2016，50(03)：24-28+55.

[36] 颜秉峰. 体育产业发展刍议 [J]. 中国成人教育，2009(20)：54-55.

[37] 杨强. 体育产业发展应回归到文化产业开发序列 [J]. 成都体育学院学报，2008，34(11)：5-6.

[38] 于清，袁吉. 论后奥运时代我国体育产业发展方式 [J]. 体育与科学，

2009，30（4）：7-10.

[39] 喻坚.新常态下中国休闲体育产业发展对策研究[J].山东体育学院学报，2016，32(5)：31-38.

[40] 张瑞林.体育产业管理协同创新[J].北京体育大学学报，2012，35(10)：1-5.

[41] 张永韬.我国体育产业发展的新常态：特征、挑战与转型[J].体育与科学，2015，36(05)：22-27+56.

[42] 周丽珍.我国体育产业发展策略研究[J].商业时代，2010(9)：119-120，94.

[43] 朱施成.对我国体育产业发展概况的探讨分析[J].湖北社会科学，2013(5)：182-184.

[44] 朱文杰.新时代中原特色体育产业发展研究[J].广州体育学院学报，2021，41(2)：18-21.